刑事合规
不起诉案件
操作指南

主　编　刘立杰
副主编　夏　俊　王馨仝

法律出版社 | LAW PRESS
北京

图书在版编目(CIP)数据

刑事合规不起诉案件操作指南 / 刘立杰主编. -- 北京 : 法律出版社, 2023
ISBN 978-7-5197-7937-5

Ⅰ. ①刑… Ⅱ. ①刘… Ⅲ. ①刑事诉讼—起诉—中国—指南 Ⅳ. ①D925.218-62

中国国家版本馆 CIP 数据核字(2023)第 087176 号

刑事合规不起诉案件操作指南
XINGSHI HEGUI BUQISU ANJIAN CAOZUO ZHINAN

刘立杰 主编

策划编辑 邢艳萍
责任编辑 邢艳萍
装帧设计 鲍龙卉

出版发行 法律出版社
编辑统筹 法律应用出版分社
责任校对 蒋 橙
责任印制 刘晓伟
经　　销 新华书店

开本 A5
印张 10.125 **字数** 230 千
版本 2023 年 6 月第 1 版
印次 2023 年 6 月第 1 次印刷
印刷 北京盛通印刷股份有限公司

地址:北京市丰台区莲花池西里 7 号(100073)
网址:www.lawpress.com.cn
投稿邮箱:info@lawpress.com.cn
举报盗版邮箱:jbwq@lawpress.com.cn

销售电话:010-83938349
客服电话:010-83938350
咨询电话:010-63939796

书号:ISBN 978-7-5197-7937-5
定价:89.00 元
凡购买本社图书,如有印装错误,我社负责退换。电话:010-83938349

代序:律师在企业合规建设中大有可为*

企业合规建设是当下的热门话题,也是个重要课题。检察机关对于企业合规不起诉的尝试意义重大,成果显著,更是受到企业界的普遍欢迎。而且,学术界和律师界关于企业合规建设的研究和参与也十分踊跃。

自2020年检察系统开始进行企业刑事合规不起诉试点以来,受到社会广泛关注。根据最高人民检察院公布的数据,2022年全国企业合规不起诉案件就有5150件。而且,法定刑3年以上案件及认罪从宽处罚案件的比例逐步上升。这是一个可喜的成果,也是对企业和企业家适用刑罚替代措施的成功尝试,对于维护企业利益、促进经济发展意义重大。

这些成果的取得自然少不了律师的参与,但是,对于律师

* 本文为田文昌律师在第十七届国家高级检察官论坛上的主题演讲,经其本人同意作为本书序言。

来说,刑事合规不起诉毕竟是一项新的业务。所以,如何加强律师参与的深度和广度,如何发挥律师在刑事合规不起诉乃至在企业合规建设的全过程中的重要作用,仍然需要进一步研究和明确。

从广义来说,企业合规建设应该具有更宽泛的内涵,它可以延伸到对企业合规机制的预先设计,而企业刑事合规建设只是企业合规建设的一部分。企业合规建设,又可以溯源于企业的法律风险防控。

在引入企业合规的概念之前,律师界就已经在研究和参与企业的法律风险防控设计了,并有了一定的进展。这对于开展企业合规建设业务来说,是一个很好的基础。因为,企业法律风险防控与企业合规建设在内容和作用上有很多共同之处。

从企业生存和发展的角度来看,企业经营中的风险涉及的范围非常广,法律风险只是其中的一部分,而企业合规建设又是法律风险防控的一部分。总体来看,根据所涉及的范围,企业经营风险可以简单概括为三个不同层次:

一、企业治理风险

企业治理风险是指企业在经营管理过程中可能发生的各种风险,如政策风险、市场风险、团队风险、法律风险等,也可以简单概括为市场风险、财务风险、团队风险、法律风险等。这是指企业在经营过程中所面临的综合风险。企业治理风险的内容,显然远超出了律师业务的范围。

二、企业法律风险

企业法律风险是指企业及其工作人员在履职过程中因违反相关法律规范而导致企业承担不利后果的风险。这种风险仅在法律规制的范围之内,也是在律师业务的范围之内。

根据风险发生的来源分类,企业法律风险一般分为三种:(1)因自身违法违规行为而导致的风险;(2)因法律制度变化而导致的风险;(3)因经营过程中相对方违法违规而导致的风险。

根据风险发生的范围分类,企业法律风险的内容也相当广泛。如企业设立中的法律风险、合同法律风险、并购法律风险、知识产权法律风险、人力资源法律风险、税收法律风险等。总之,在企业经营活动中涉及的一切与法律相关的问题,都会面临不同程度的法律风险。

而根据风险所导致的后果不同,企业法律风险又分为三种类型:(1)经济损失风险;(2)行政处罚风险;(3)刑事处罚风险。

由于企业法律风险所涵盖的内容十分广泛,所以,企业法律风险防控应当是律师法律服务中的一项综合业务，应当由不同专业的律师组成综合化的律师团队来承担。

三、企业刑事法律风险

企业刑事法律风险是指企业及其工作人员在履职过程中，因触犯刑事法律规范而导致企业或者个人受到刑事追究的风险。企业法律风险所涵盖的内容虽然广泛而复杂，但其中最重要的内容当属刑事法律风险。因为刑事法律风险不仅时常发生，而且后果最为严重。所以，刑事法律风险防控成为一个备受关注的问题，也成为企业法律风险防控中的一个专项业务。

如前所述，企业合规的概念与企业法律风险防控的概念虽有类似却并不相同。首先，企业合规风险，特指企业法律风险中所面临的行政处罚的风险和刑事处罚的风险。其次，企业合规有法律激励机制介入，如刑事案件合规不起诉。可见，企业法律风险防控的内容更宽泛。

企业刑事合规风险与企业合规风险也有所不同。企业刑事合规的风险只是面临刑事处罚后果，而不包括行政处罚。而且，刑事合规建设与刑事法律风险防控也不同，二者在内容上具有一致性，但在机制上则有所区别。刑事法律风险防控只是律师与企业之间的行为，而企业刑事合规建设则有外部的法律激励机制介入,即合规不起诉机制。

综上可知,在企业法律风险防控的大概念中,既包括了企业合规建设的内容,也包括了企业刑事合规建设的内容。而律师在研究和参与企业法律风险防控业务过程中积累的经验,对于企业合规建设和刑事合规建设应当更加有所作为。

更重要的是,律师对于企业合规建设的作用不仅体现在合规不起诉案件发生之后,还可以延伸到企业涉嫌犯罪之前的事前预防阶段。概言之,律师在企业合规建设中的作用应当体现在事前预防和事后救济两个不同阶段。也就是说,律师应该在广义的企业合规建设全过程中发挥作用。

律师在企业合规建设中的事前作用,主要体现在对企业法律风险防控的总体设计。这种设计旨在通过建立科学有效的法律风险综合防控机制,使企业避免或者减少陷入行政处罚和刑事处罚的风险和其他法律风险。这种着眼于企业法律风险防控的视角和工作内容超出了狭义企业合规建设的范围,但对于防止企业陷入合规风险具有重大意义。同时,也为企业一旦陷入合规风险时进一步整改完善合规机制奠定了基础,有利于企业顺利通过审查和评估而免受追究。

律师在企业合规建设中的事后作用,主要体现在合规不起诉的程序之中。企业涉嫌犯罪后,律师作为涉案单位的辩护人,不仅可以代理涉案单位提出合规不起诉的申请,还可以帮助涉案单位进行合规建设的整改工作。

首先,由于律师具有企业法律风险防控的经验,对于推动企业合规建设具有专业优势。

其次,律师为了帮助企业争取合规不起诉的机会,具有自发的主动性和积极性。

再次,律师针对具体案件可以组建团队,采取多专业分工协作的方式,“综合会诊、对症下药”,加快企业整改的进度。

最后,律师凭借在企业法律风险防控中积累的经验,还可以在第三方监督、评估机构中发挥重要作用。

由此可见,对于律师而言,这是一项全方位、全过程的系统工程,而且是不可替代的。因为,在企业合规建设中,任何机构和个人都不可能像律师这样全方位、全过程地深度参与。

所以,无论是在合规不起诉的程序中,还是在事前的企业合规建设中,律师都大有可为。

但是,目前来看,无论是在企业合规建设的事前预防阶段,还是在合规不起诉程序中的事后救济阶段,律师发挥的作用都不够广泛也不够充分。

一方面是因为律师自身的认识不足和能力欠缺。虽然很多律师和律师事务所都看好企业合规的业务,但投入的精力和实际操作能力参差不齐,更缺乏足够的成功案例。

另一方面是因为企业对合规建设的消极态度。很多企业认识不到合规建设的重要性,以至于律师主动上门时都不愿意配合。

此外,律师对合规不起诉程序的参与程度和作用大小也与控辩双方的关系有关。有的检察机关对律师提出合规不起诉的申请态度消极,程序难以启动;也有的检察机关主动启动合规不起诉程序,却忽略了律师的作用且加大了自身的工作量。从最高人民检察院公布的四批合规不起诉典型案例可以看出,有些检察院在合规不起诉程序中作了大量工作,而这其中有一些是可以由律师来承担的。如果能在启动合规不起诉程序时对律师的申请更加重视,又能放手让律师承担更多的程序性工作,如尽职调查、提出整改方案、制定合规机制等。这既有利于充分发挥律师的作用,也有利于节约检察机关自身的资源,更有利于促进合规不起诉程序的全面推广。

需要强调的是,在合规不起诉案件中,律师与检察机关的关系并不具有必然的冲突性。因为双方追求的目标具有一致性,而律师的作用则是为实现这个目标创造更有利的条件。所以,在合规不起诉案件中,控辩双方应当共同站在实现法律效果与社会效果相统一的高度上,摆正关系,求同存异。在发挥检察机关能动性的同时,充分重视和有效发挥律师特有的专业优势,共同推进刑事合规不起诉制度的全面展开。为保护企业利益,促进市场经济发展,营造宽严相济、疏而不漏的良好法治环境。

而律师界则应该广泛关注和积极参与企业合规建设的业务,尤其是刑事合规不起诉的业务。同时,也应该不断提升自身能力,并以更多的成功案例展现成果,博得企业和全社会的认可,为企业合规建设发挥更重要的作用。

目 录

第一章　什么是刑事合规不起诉

第一节　刑事合规不起诉的概念

一、刑事合规不起诉制度概述

合规(compliance)起源于医学领域,意为遵照医嘱,近年来逐渐扩展到法学领域,有“遵守规则”或“遵循法律规定”之意。

企业合规(corporate compliance),是指企业为防范、发现和应对合规风险而建立的一套完整的合规管理内部控制机制,以确保在治理运营过程中,企业及员工遵守相关法律法规、商业伦理和企业规章制度等,并督促第三方以及其他商业合作伙伴等主体依法依规经营。陈瑞华教授提出“企业合规”具有三重含义:一是作为自我监管机制,促使企业依法依规经营、应对风险;二是作为公司治理方式,避免在经营中出现违法违规行为、降低损失;三是作为国家法律规范的组成部分,是换取宽大处理结果的依据，根据法律渊源不同，合规企业具有行政监管合规机制、刑事合规机制、反制裁合规机制三重外部激励机制保障。①

刑事合规（criminal compliance）：从字面含义来看，意指企业应当遵循刑事法律规范；从国家视角来看，刑事合规作为外部激励机制的一种，以建立合规机制为依据对已经构成犯罪的企业给予宽大处理，以起诉、定罪或量刑等方式促使企业进行有效自我管理和预防企业犯罪，同时节约司法资源、提高办案效率。“有效的合规计划及其实施的程度被认为是衡量一个企业是否应受惩罚的合理标准。”②一方面，刑事合规可以作为企业承担刑事责任的积极抗辩事由，从而有效帮助企业出罪和减免刑罚；另一方面，刑事合规可以作为定罪量刑的依据，使企业承担疏于合规的后果，将违反刑事合规规则的行为加以犯罪化或作为加重量刑的原因。③

“刑事合规不起诉”制度，作为一种典型的正向激励机制，经两期试点后逐渐在我国推行，当符合条件的企业涉嫌犯罪时，若其作出承诺建立或完善合规体系，检察机关可直接作出

---

① 参见陈瑞华：《企业合规制度的三个维度——比较法视野下的分析》，载《比较法研究》2019 年第 3 期。

② ［美］菲利普·韦勒：《有效的合规计划与企业刑事诉讼》，万方译，载《财经法学》2018 年第 3 期。

③ 参见孙国祥：《刑事合规的理念、机能和中国的构建》，载《中国刑事法杂志》2019 年第 2 期。

不起诉决定，也可以设置考验期，通过对涉案企业合规整改的效果进行考察来决定是否对其提起公诉。然而，我国并没有将企业合规作为对涉案企业作出宽大处理决定的法定依据，而是借助于现有的相对不起诉和认罪认罚从宽等制度予以适用。

二、刑事合规不起诉相关概念

（一）事前刑事合规与事后刑事合规

按照企业刑事风险全过程的重要时间节点进行界分，我国检察实践中的企业刑事合规不起诉可分为事前刑事合规和事后刑事合规两种类型。

“事前刑事合规”也称“预防性合规”，是指通过对非涉案企业经营管理过程中的法律风险进行识别、对企业合规建设状况作出客观评估，以此作为政策激励，引导企业构建避免刑事风险的合规计划和合规管理体系，也可作为日后涉及犯罪时从宽处罚的依据。

“事后刑事合规”即通常所说的“涉案企业合规”，是指企业已经涉嫌刑事犯罪时，检察机关通过对涉案企业进行刑事合规纠错整改，为通过验收的企业争取从宽处理的结果，以此种刑事激励手段促使企业构建合规监管体系，可有效避免类似风险再次发生。

自试点工作开展以来，涉案企业刑事合规案例包括最高人民检察院发布的典型案例中的涉案企业均在审查起诉阶段进行合规整改,试点采用的“事后合规”模式具有滞后性、被动性等缺陷,由“事后合规”逐步向“事前合规”延伸是企业合规改革的发展方向。以张家港市为例,张家港市人民检察院与第三方监督评估组织合作开展事前合规模式,并编制《企业行政合规指导清单》,为企业开展行政合规提供方向,在此过程中推进行业合规建设。但事前合规并不等同于行政合规,事前合规由包括行政合规在内的刑事合规、行业合规、涉外合规等各部分组成,强调涉罪前的风险治理,以刑事激励为最终动力,通过构建常态化合规管理体系,可以有效提升企业风险防范和治理能力,响应以预防为导向的刑事治理政策,助力构建法治化营商环境。

(二)刑事合规与行政合规

按照不同的法律渊源进行界分,企业合规外部激励机制可分为行政监管合规机制、刑事合规机制以及反制裁合规机制,这些激励机制主要源自行政法和刑法上的奖励制度。

“刑事合规”,是指刑事司法机关以企业建立合规机制为依据,对其作出宽大处理决定。“行政合规”,是指建立合规管理体系的企业可以得到行政监管部门的宽大处理,通常需要双方签署行政和解协议,并辅之以考验期审查合规成效。[①]

---

① 参见最高人民检察院涉案企业合规研究指导组编:《涉案企业合规办案手册》,中国检察出版社 2022 年版,第 11 ~ 12 页。

2018 年被称为我国企业合规的“元年”，为解决我国频繁出现的涉外合规问题，我国首先在行政领域全面推行合规理念和制度，发布合规管理指引、实行行政指导制度、试行行政和解制度，引导企业建立合规管理体系（见图 1）。行政合规主要从两方面构建：一是通过推动中央国有企业以及从事海外经营业务的中国企业建立合规管理体系；二是通过在行政监管期间内对作出合规承诺或进行合规整改的违法违规经营企业予以宽大行政处理，如免除行政责任、减轻行政处罚、达成行政和解等。①

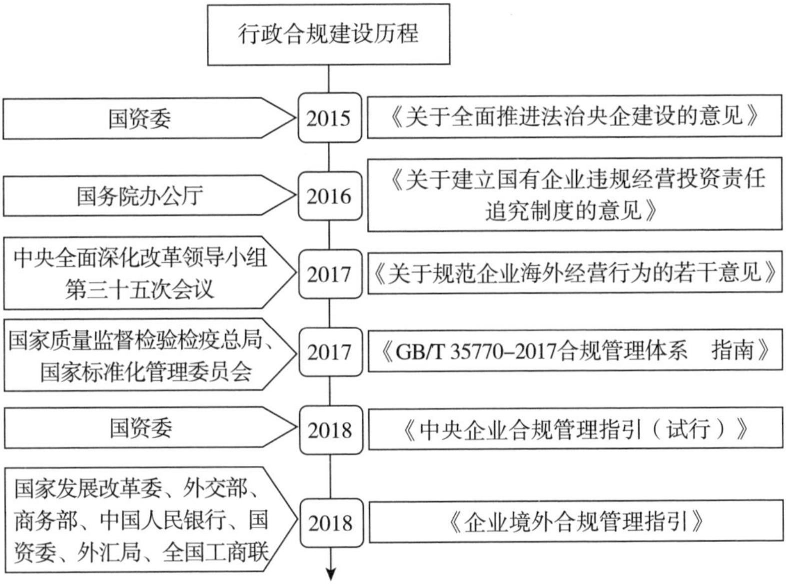

图 1　行政合规建设时间轴

---

①　参见陈瑞华：《论企业合规在行政监管机制中的地位》，载《上海政法学院学报（法治论丛）》2021 年第 6 期。

我国单位犯罪大多为行政犯,犯罪具有浓厚的行政从属性特征,一旦涉嫌犯罪,行政监管部门便要将案件移送司法机关,在对案件进行合规考察以及刑事诉讼时会面临以下问题:首先,对于一些专业性较强的案件如环境污染案件、涉税案件、走私案件,生态环境部门、税务部门、海关部门具备更加丰富的监管和执法经验,若全权交由司法机关进行合规考察、审查合规计划、确定考察标准,便不利于发挥特定行政机关的专业优势。其次,若企业涉嫌犯罪,由于检察机关和行政机关之间相互独立,仅由行政机关开展合规监管工作,难以使监管工作有效开展。最后,从本质上讲,涉案企业合规是在审查起诉阶段进行的刑事合规整改,整改的关键是完成实质的去犯罪化改造,这需要合规监管人精确掌握刑事专业法律知识、了解刑事案件司法规律,而这是行政机关工作人员所不具备的。[①] 如何处理好行政执法与刑事司法之间的衔接、构建行政合规与刑事合规制度已成为一个现实问题,我们不能片面地将刑事合规或行政合规等同于企业合规,二者互相衔接、缺一不可。

(三)全面合规和专项合规

按照合规管理体系不同的表现形式进行界分,企业合规可分为全面合规和专项合规。

---

① 参见陈瑞华:《企业合规不起诉改革的八大争议问题》,载《中国法律评论》2021 年第 4 期。

全面合规是指围绕整个企业开展的整体性、系统性、全方位的合规管理体系建设，覆盖企业所有业务领域、部门及全体员工。

专项合规是针对犯罪所暴露出的特定合规风险或司法机关特定要求，以预防相同或类似犯罪再次发生为目标，涉案企业所建立的具有针对性、专门性的合规管理体系，如反腐败合规、知识产权合规、环保合规、数据合规等。

二者一般都包括合规风险的识别和评估、政策和程序安排、培训和沟通安排、举报和调查机制、执行和保证机构、第三方监管机制等。从制度构成上看，任何一种专项合规计划，都同时包含基础性合规管理要素和专门性合规管理要素两个部分，在督促企业成功实施某一专项合规计划的基础上，检察机关通过激活行刑衔接机制，引入合规激励要素，推动企业增设其他必要的专项合规计划，逐步实现对合规风险的全面防控。①

中华全国工商业联合会办公厅、最高人民检察院办公厅、司法部办公厅、财政部办公厅、生态环境部办公厅、国务院国有资产监督管理委员会办公厅、国家税务总局办公厅、国家市场监督管理总局办公厅、中国国际贸易促进委员会办公室联合印发的《涉案企业合规建设、评估和审查办法（试行）》第21条规定，"涉案企业应当以全面合规为目标、专项合规为重点，并根

---

① 参见陈瑞华：《企业合规整改中的专项合规计划》，载《政法论坛》2023年第1期。

据规模、业务范围、行业特点等因素变化，逐步增设必要的专项合规计划，推动实现全面合规”。在3～6个月有限的合规考察期内，通过进行刑事合规整改，检察机关帮助企业建立起专项合规管理体系，如环保合规体系、税收合规体系、知识产权保护合规体系、招投标合规体系，涉案企业存在的刑事问题得以解决，然而在考察期结束后，企业还需要面对众多行政执法部门，存在大量行政违法行为上升为刑事犯罪的风险，如何通过涉案企业合规使企业预防犯罪风险，针对各相关行政部门构建整体性、全面性行政合规体系还需进一步思考。

第二节　为什么要构建刑事合规不起诉制度

一、审时度势，适应国内发展环境

（一）企业及企业家刑事风险与后果

1. 企业及企业家涉罪的刑事风险

北京师范大学中国企业家犯罪预防研究中心发布的《2019—2020企业家刑事风险分析报告》突出体现了我国企业及企业家犯罪呈现出“双高现象”，该报告显示，在2019年12月1日至2020年11月30日中国裁判文书网上传的刑事判决案件中，共检索出企业家犯罪案例2635件，企业家犯罪3278

次。其中,民营企业家犯罪 3011 次,约占企业家犯罪总数的 91.85%,民营企业及民营企业家所涉罪名范围及其频次均大于国有企业及国有企业家相关罪名与频次。[①] 相较于有雄厚资金支撑的国有企业而言,民营企业体量较小、市场竞争更为激烈,民营企业为获取业务或降低成本等更易实施腐败、贿赂等违法行为,5 年来民企犯罪的高频罪名大致可分为融资犯罪、腐败犯罪和税收征管犯罪几类,非法吸收公众存款罪、集资诈骗罪、非法经营罪、拒不支付劳动报酬罪、污染环境罪等几乎成为民营企业家的专有罪名。

2. 企业及企业家涉罪的不利后果

对于企业而言,“起诉一个公司,就等于宣告公司死刑”[②]。起诉和惩罚单位不仅会给企业带来商业伙伴流失、生产经营停滞、上市资格被取消、营业执照被吊销等灾难性附带后果,而且会严重损害公司的投资者、雇员、养老金领取者、客户等无辜第三人的利益。我国民营企业数量占企业总数量的 90% 以上,但因缺乏有效的合规指引,近年来出现较多违法违规现象。民营企业较为脆弱,其倒闭具有“水波效应”[③],大部分民营企业因缺少资金和政府扶持,抗风险能力较差,一旦涉嫌犯罪,其资金和

---

① 参见张远煌:《企业家刑事风险分析报告(2020)》,载《河南警察学院学报》2021 年第 4 期。

② 陈瑞华:《论企业合规的性质》,载《浙江工商大学学报》2021 年第 1 期。

③ 陈瑞华:《企业合规视野下的暂缓起诉协议制度》,载《比较法研究》2020 年第 1 期。

正常经营都将受到很大影响甚至会破产倒闭。对于企业家而言，中国大部分中小型企业未实现公司所有权和管理权的分离，企业意志与企业家意志高度重合，企业家与企业自身的违法行为难以区分。尤其在小微企业中，企业家/管理者就是老板，老板若是犯罪，企业便会濒临死亡，就会出现“抓了一个企业家，整垮一个企业，砸了一批人的饭碗”的局面。针对该问题，有学者提出，对小微企业主要考虑“企业家合规”，大中型企业主要考虑“企业合规”。[①]

（二）企业合规建设重要性日渐提高

2014 年江苏昆山“8·2”爆炸事故和 2015 年天津港“8·12”爆炸事故使国人开始关注企业合规，2018 年的中兴事件成为开启我国“合规元年”的导火索，近几年阿里、美团等大型企业因违规经营被制裁的现象屡见不鲜。政府和企业越来越意识到合规对于企业全球化发展的重要性，在数据安全合规、内部管理合规、反垄断合规等多个领域采取有针对性的措施，在取得进步的同时，我国企业仍然面临着国内外日益严峻的合规执法风险，而企业合规建设仅初具规模。从 2022 年 5 月 28 日发布的《中国反贿赂合规调查报告》可以看出，我国企业反贿赂合规体系已具备一定的组织、制度与机制基础，但整体

---

① 参见黎宏：《企业合规不起诉改革的实体法障碍及其消除》，载《中国法学》2022 年第 3 期。

水平仍较低,机构设置、内部制度建设与实际运行有效性有待改进。值得注意的是,企业主动查处行贿行为的可能性较小,民营企业、“非优势企业”、中小型企业所处营商环境相对恶劣。[①] 企业合规建设的重要性日渐提高,我国涉案企业合规改革之路任重而道远。

二、顺应潮流,借鉴域外实践经验

(一)刑事合规不起诉制度的源流

早在 19 世纪 80 年代,美国就出现了企业合规理念及相关制度。从 1887 年美国《洲际商业法案》对合规导向内部规则的建立,到 1929 年经济大萧条时期对自我监管理念的强调,美国合规管理理念与制度从电气领域反垄断合规案、以水门事件为代表的系列反腐败合规案、系列内幕交易案、国防工业舞弊丑闻案等在全行业逐渐普及。[②]

20 世纪 30 年代,企业合规制度于美国金融行业最初形成与确立。20 世纪 60 年代至 90 年代初企业垄断、贿赂等丑闻与犯罪现象推动特定行业和领域企业合规制度的构建和完善。

---

① 参见赵军:《〈中国反贿赂合规调查报告(原版)〉及相关说明》,载《犯罪研究》2022 年第 6 期。

② 参见李本灿:《刑事合规的制度史考察:以美国法为切入点》,载《上海政法学院学报(法治论丛)》2021 年第 6 期。

1991 年美国《联邦量刑指南》开启了企业合规刑事化发展进程，不仅明确了企业合规计划的法定含义是“用于预防、发现和制止企业违法犯罪行为的内控机制”，制定了有效合规计划的七项最低标准，还将企业合规作为法官是否决定对犯罪企业减免罚金和适用缓刑的法定要素。1999 年《联邦起诉商业组织原则》(《霍尔德备忘录》)统一起诉政策与标准，企业合规自此成为检察官对企业提起刑事诉讼时需要考虑的核心要素。2002 年美国《公众公司会计改革和投资者保护法案》通过立法将监督企业合规构建与实施规定为企业高管的法定义务，标志着联邦证券法规的重大变革。2003 年《汤普森备忘录》使用审前分流协议，包括暂缓起诉协议和不起诉协议。2010 年《多德—弗兰克法案》规定了更多以合规为目的的刑事和准刑事法规，企业合规的构建逐渐成为强制性义务。[①]

(二)刑事合规不起诉全球化发展

包括美国在内的世界各国和国际组织均着眼于企业合规理念与规则的构建。2010 年英国颁布的《反贿赂法》中规定了“预防商业组织行贿失职罪”，推动商业组织预防贿赂犯罪内部合规程序的构建实施。2016 年法国通过了《关于提高透明度、反腐败以及促进经济生活现代化的 2016 – 1691 号法案》(《萨

① 参见万方:《企业合规刑事化的发展及启示》，载《中国刑事法杂志》2019 年第 2 期。

宾法案》），将企业及高管人员构建合规制度作为强制性的法定义务，同时确立了暂缓起诉制度。2017 年澳大利亚通过的《刑法立法修正案（企业犯罪）》以及 2018 年意大利通过的《反贿赂法案》均将构建与实施企业合规作为企业及其高管的法定义务，若未履行这一义务，将面临罚金或监禁刑等刑事处罚。在国际组织层面，经济合作与发展组织（OECD）制定了《内控、道德与合规的操作指引》、国际标准化组织制定了 ISO 37301：2021《合规管理体系　要求及使用指南》、欧盟颁布了《欧盟一般数据保护条例》（GDPR），刑事合规不起诉制度的构建已成为全球趋势且发展迅速。①

德国西门子公司作为合规经营的样板，其合规经营的发展历程既是刑事合规不起诉制度全球构建的缩影，也是企业通过合规获得重生的经典案例。2008 年 12 月，西门子公司涉嫌海外商业贿赂超过 10 亿美元的一系列案件完结，其与美、德两国当局达成和解协议，向美国司法部支付罚金 4.5 亿美元，向德国政府支付罚金 3.95 亿欧元。其凭借庞大的合规重建工作获得重生，建立了世界上最完善的合规经营体系。在其受贿案结束后，西门子公司着力打造诚信与透明的企业文化，在各个业务集团和区域公司中任命了各自的集团合规官或区域合规官，

① 参见万方：《企业合规刑事化的发展及启示》，载《中国刑事法杂志》2019 年第 2 期。

并向首席合规官汇报工作。[①] 目前,西门子公司合规团队从2007年的173人增至2009年的620人,官网将“只有清廉的业务才是西门子的业务”作为宣传标语,不仅挽回了公司的声誉,而且通过构建完善、先进的合规体系使公司成为业务透明、廉洁经营的典范。

三、立足实际,发挥合规积极功效

(一)有利于企业自身建设与发展

从短期来看,刑事合规不起诉制度可以减轻涉案企业的责任,从而降低损失,使企业得到宽大处理。在欧美国家,刑事合规制度已具备成熟的制度设计,其正向激励措施可概括为五种:一是以合规为根据作出不起诉决定;二是以合规作为无罪抗辩的事由;三是以合规作为从轻量刑情节;四是以合规换取和解协议并进而换取撤销起诉结果;五是以对违法行为披露换取宽大处理结果。[②] 企业合规计划不仅可以事先抑制经营风险,还可以实现企业与企业家责任的有效分割,将企业从其从业人员的违法行为中解脱出来,达到“放过企业、惩罚个人”的

① 参见温丹阳:《企业合规典型案例:西门子合规体系》,载中国法律风险管理网2020年6月22日,http://www.senior-rm.com/detail.aspx? nid=17&pid=147&tid=0&id=31335。

② 参见陈瑞华:《企业合规制度的三个维度——比较法视野下的分析》,载《比较法研究》2019年第3期。

效果。从长期来看，涉案企业进行合规整改、建立有效的合规体系，营造依法依规经营的企业文化，有利于形成良性的经营方式，塑造更好的企业社会形象，推动企业可持续发展。

（二）有利于司法资源最大化利用

在刑事合规不起诉制度运行过程中，检察机关的传统角色也有所改变，从追求事后的刑事处罚转化为督促涉案企业对法律法规的遵守，在降低定罪给企业、股东、社会带来的消极后果的同时，最大限度地发挥刑事司法的社会效果。[①]"严管厚爱"的司法理念彰显了我国通过刑事合规制度保护民营企业、守护经济发展的司法政策，在考虑到企业刑事合规计划有效性的前提下，推动完善公司治理体系和治理结构，可促进涉案企业、检察机关、行政机关以及社会组织之间的合作，维护市场经济秩序，增强社会治理效果。

（三）有利于社会公共利益的实现

民营经济是中国经济的重要组成部分，对经济增长、就业、居民收入增加、科技创新等发挥重要作用。在处理民营企业犯罪案件时，司法机关充分考虑到其脆弱性，避免"水波效应"的发生，从事后惩罚意义上的消极预防向事前积极预防转变，可

① 参见姜涛：《企业刑事合规不起诉的实体法根据》，载《东方法学》2022 年第 3 期。

以帮助企业持续经营,实现打击犯罪与经济发展的平衡。[①] 另外,疫情时期中国企业“走出去”面临重大挑战的同时也迎来提升国际化水平的机遇,构建符合国际标准的合规体系、促进行业自律和自我监管,才能减少和规避经营过程中的毁灭性打击,提升企业的国际竞争力,在涉案企业、检察机关与律师等第三方主体良性互动的过程中实现涉案企业合规改革的更高目标:通过办好每一个案件,促进企业乃至行业规范发展,服务与保障世界一流企业建设,助推国家治理体系和治理能力现代化建设,服务经济社会高质量发展大局。[②]

第三节　我国的刑事合规不起诉制度

一、制度背景

(一)立法基础

1. 内涵:认罪认罚从宽

我国《刑事诉讼法》于 2018 年修订时确立了刑事诉讼全过

① 参见陶朗逍:《民营企业刑事合规的解构与展望》,载《浙江工商大学学报》2021 年第 1 期。

② 参见最高人民检察院企业合规研究指导组编:《涉案企业合规办案手册》,中国检察出版社 2022 年版,第 22 页。

程的认罪认罚从宽制度,其第 15 条规定,“犯罪嫌疑人、被告人自愿如实供述自己的罪行,承认指控的犯罪事实,愿意接受处罚的,可以依法从宽处理”。认罪认罚从宽制度中的“认罪”既适用于自然人也适用于单位,既包括自然人的认罪也包括企业承诺合规,“从宽”既包括量刑从轻也包括相对不起诉,“通过真诚努力建立并有效实施了合规计划,所展现出的合规意识和努力构建的合规文化,反映出认罪悔罪态度,理应获得从宽处罚”。由此可见,认罪认罚从宽制度为企业附条件不起诉在《刑事诉讼法》总则层面奠定了制度基础。①

然而,有许多学者对通过刑事合规不起诉制度使犯罪企业受到无罪处理的方式质疑。除了不起诉理由的司法专业性、对“罪刑法定”“罪责刑相适应”等原则的挑战外,合规不起诉在个人犯罪和企业犯罪之间以及企业犯罪阵营内部是否违反了平等原则也具有争议。② 另外,刑事合规不起诉制度设置的初衷是对涉案企业设定必要考察期,使涉案企业构建或改善其合规体系,实质性地完成合规整改,虽然具备认罪认罚从宽制度的内涵,但在现有制度框架下,认罪认罚从宽制度的构建初衷是促进案件分流,在尽可能短的时间内高效处理案件,这显然与

① 参见李勇:《企业附条件不起诉的立法建议》,载《中国刑事法杂志》2021 年第 2 期。

② 参见车浩等:《“合规不起诉”的批判性反思》,载微信公众号“中国法律评论”2023 年 1 月 19 日,https://mp.weixin.qq.com/s/3wh8iREVuCo31 U0ktDQ92g。

持续性的合规监管考察相悖。因此,与认罪认罚从宽制度分离是刑事合规不起诉制度未来的完善方向。

2. 改造:附条件不起诉

目前我国检察机关施行的不起诉制度主要有五种:法定不起诉、酌定不起诉、证据不足不起诉、附条件不起诉和认罪认罚特殊不起诉制度,[①]其中酌定不起诉、附条件不起诉制度与我国刑事合规不起诉制度的发展最为密切。2012 年,我国《刑事诉讼法》修改时确立了附条件不起诉制度,该制度针对未成年人涉嫌《刑法》分则第四章、第五章、第六章规定的犯罪,可能判处 1 年有期徒刑以下刑罚,符合起诉条件,但有悔罪表现的,设置 6 个月至 1 年的考验期,人民检察院可以作出附条件不起诉决定。根据考验期内的表现人民检察院可以作出相对不起诉决定或撤销附条件不起诉决定。针对未成年人的附条件不起诉制度不仅在预防和教育矫治未成年人犯罪方面发挥了重要作用,还为单位犯罪的附条件不起诉积累了实践经验,其运行模式类似于美国刑事合规中的"暂缓起诉协议",该制度与美国少年司法有很大的渊源。然而,目前我国《刑事诉讼法》并未明确规定企业的附条件不起诉制度,这一制度作为认罪认罚从宽制度框架下的一种特殊不起诉制度,在立法设计上要区分于未成年人附条件不起诉制度,对其适用条件、范围以及合规考察、决

① 参见欧阳本祺:《我国建立企业犯罪附条件不起诉制度的探讨》,载《中国刑事法杂志》2020 年第 3 期。

策程序等加以重点规定。

3. 保障:法律监督职能

法律监督职能是检察机关的重要职能,是刑事合规不起诉制度的保障。基于法律监督权的法理,我国检察机关与被诉企业之间并不是互相妥协的关系,二者并未达成和解或某种协议,只是将被诉企业态度作为检察机关作出决定的参考因素;从涉诉企业的合规承诺来看,承诺的内容以及实现结果需检察机关进行考察,检察机关须充分审查其守法意愿及方案实施情况。[①] 据此,我国刑事合规不起诉制度具有独特的制度优势以及运行方式,不同于美国检察机关作为行政机关的单一控诉职能,我国检察机关的起诉权以及其主导实施的刑事合规不起诉制度,实为其通过行使检察权,保护个人和组织的合法权益,维护国家安全和社会秩序、国家利益、社会公共利益,实现其法律监督职能的重要途径。[②]

（二）政策引导

刑事合规不起诉制度的构建与完善是在宽严相济刑事政策和少捕慎诉慎押刑事政策引导下的有益尝试,是在准确把握

---

① 参见时延安:《单位刑事案件的附条件不起诉与企业治理理论探讨》,载《中国刑事法杂志》2020 年第 3 期。

② 参见杨帆:《企业合规中附条件不起诉立法研究》,载《中国刑事法杂志》2020 年第 3 期。

政策内涵的前提下保障人权、促进社会治理的重大实践成果。

2011 年《刑法修正案(八)》的实施标志着宽严相济刑事政策的法治化,该政策成为我国基本刑事政策之一。“宽严相济”中的“宽”是指宽大、宽缓,主要表现为非犯罪化、非司法化和轻刑化三个层面。[①] 当涉罪企业真心悔过并自觉接受惩罚时,一般预防效果已经达到,从理论上应当对其“从宽”。合规不起诉制度通过调动涉罪民营企业主动认罪认罚的积极性,使其获得宽大处理的司法判决后果,既能够体现对犯罪嫌疑人、被告人权益的尊重,也充分彰显了基本的司法伦理。[②]

包括认罪认罚从宽制度、不起诉制度在内的一系列改革均是在宽严相济刑事司法理念的指引下展开的,2020 年年初,最高人民检察院提出少捕慎诉慎押的检察司法理念,并在此后 2 年间中央全面依法治国委员会就其落实作出部署,少捕慎诉慎押逐渐由刑事司法理念上升为刑事司法政策,是宽严相济刑事政策在刑事司法领域的具体化。[③] 张志杰大检察官汇报 2022 年我国贯彻落实少捕慎诉慎押刑事司法政策的有关情况时指

---

① 参见郭建安:《宽严相济刑事政策的实施及其影响》,载中国人大网 2011 年 6 月 1 日,http://www. npc. gov. cn/zgrdw/npc/xinwen/rdlt/fzjs/2011 – 06/02/content_1657563. htm。

② 参见张琳:《建立企业合规不起诉制度的框架性建议》,载《人民检察》2021 年第 9 期。

③ 参见苗生明:《更好落实少捕慎诉慎押刑事司法政策》,载最高人民检察院网 2022 年 11 月 21 日,https://www. spp. gov. cn/spp/llyj/202211/t20221121_593375. shtml。

出：刑事案件不起诉率从2003年的3.3%、2020年的13.7%、2021年16.6%提高到今年（2022年）上半年的23.5%。其中，相对不起诉占比从2020年的81.1%上升至今年（2022年）上半年的89.1%。[①] 近年来，刑事合规试点工作已经完成了刑事合规不起诉制度的基本构建，通过不捕、不诉和不实刑的刑事激励制度，企业合规不起诉的实践体现了“慎诉”和对涉罪企业、企业家的轻缓化处理方向，同时取得了良好的社会治理效果，是适应新时代发展的必然要求。

二、立法现状

2020年3月，最高人民检察院在上海浦东新区、金山区，江苏张家港，山东临沂郯城县，广东深圳南山区、宝安区6家基层人民检察院开展企业合规改革第一期试点工作。2021年3月最高人民检察院部署开展第二期涉案企业合规改革试点，范围扩展到北京、辽宁、上海、江苏、浙江、福建、山东、湖北、湖南、广东10个省（直辖市）的62个市级人民检察院、387个基层人民检察院，至12月底10个试点地区共办理涉企业合规案件600

---

① 参见范跃红、史隽：《中国刑法学研究会2022年全国年会暨数字法治大会在杭州举行》，载最高人民检察院网2022年11月24日，https://www.spp.gov.cn/spp/zdgz/202211/t20221124_593580.shtml。

余件，其中适用第三方监督评估机制案件 300 余件。[①]

2022 年 4 月 2 日，最高人民检察院会同全国工商联召开会议，深入总结 2 年来检察机关涉案企业合规改革试点工作情况，涉企合规改革全面推开，合规深度和广度都有了全面的提升，2022 年全年检察机关办理涉案企业合规案件 5150 件，对整改合规的 1498 家企业、3051 人依法不起诉，涉企合规改革呈现全面快速发展的良好趋势。[②]

（一）国家规范

2022 年，涉案企业合规改革全面推开，最高人民检察院、国务院国有资产监督管理委员会、财政部、中华全国工商业联合会、司法部、生态环境部、国家税务总局、国家市场监督管理总局、中国国际贸易促进委员会联合发布《〈关于建立涉案企业合规第三方监督评估机制的指导意见（试行）〉实施细则》（以下简称《第三方监督评估机制实施细则》）和《涉案企业合规建设、评估和审查办法（试行）》（见表 1），迈出了立法层面的关键一步，提出诸多合规改革的重要理念。

① 参见孙风娟：《回眸五年奋斗路——新时代新理念新作为 | 检察机关开展涉案企业合规改革试点工作纪实》，载最高人民检察院网 2023 年 2 月 24 日，https://www.spp.gov.cn/spp/zdgz/202302/t20230224_603896.shtml。

② 参见孙风娟：《最高检：推动涉案企业合规改革行稳致远》，载最高人民检察院网 2023 年 2 月 18 日，https://www.spp.gov.cn/spp/zdgz/202302/t20230218_602406.shtml。

表1　涉案企业合规改革重要规范汇总

发布时间	发布机关	规范名称
2021年4月8日	最高人民检察院	《关于开展企业合规改革试点工作方案》
2021年6月3日	最高人民检察院等九部门	《关于建立涉案企业合规第三方监督评估机制的指导意见(试行)》
2022年1月4日	最高人民检察院等九部门	《涉案企业合规第三方监督评估机制专业人员选任管理办法(试行)》
2022年1月4日	最高人民检察院等九部门	《第三方监督评估机制实施细则》
2022年4月19日	最高人民检察院等九部门	《涉案企业合规建设、评估和审查办法(试行)》

1.《第三方监督评估机制实施细则》

2022年1月4日，最高人民检察院、国务院国有资产监督管理委员会、财政部、中华全国工商业联合会、司法部、生态环境部、国家税务总局、国家市场监督管理总局、中国国际贸易促进委员会联合发布《第三方监督评估机制实施细则》，该细则是对九部门2021年6月3日发布的《关于建立涉案企业合规第三方监督评估机制的指导意见(试行)》的细化。《第三方监督评估机制实施细则》进一步明确了第三方监督评估机制管理委员会(以下简称管委会)、第三方监督评估机制管委会联席会议、第三方监督评估机制管委会办公室、第三方监督评估组织的组成和职责，细化了第三方监督评估机制的启动和运行流程(见

图2)。值得注意的是,在第三方监督评估机制的运行一章中,《第三方监督评估机制实施细则》对涉案企业合规计划的具体内容、审查标准、合规考察期限以及合规考察书面报告等内容作

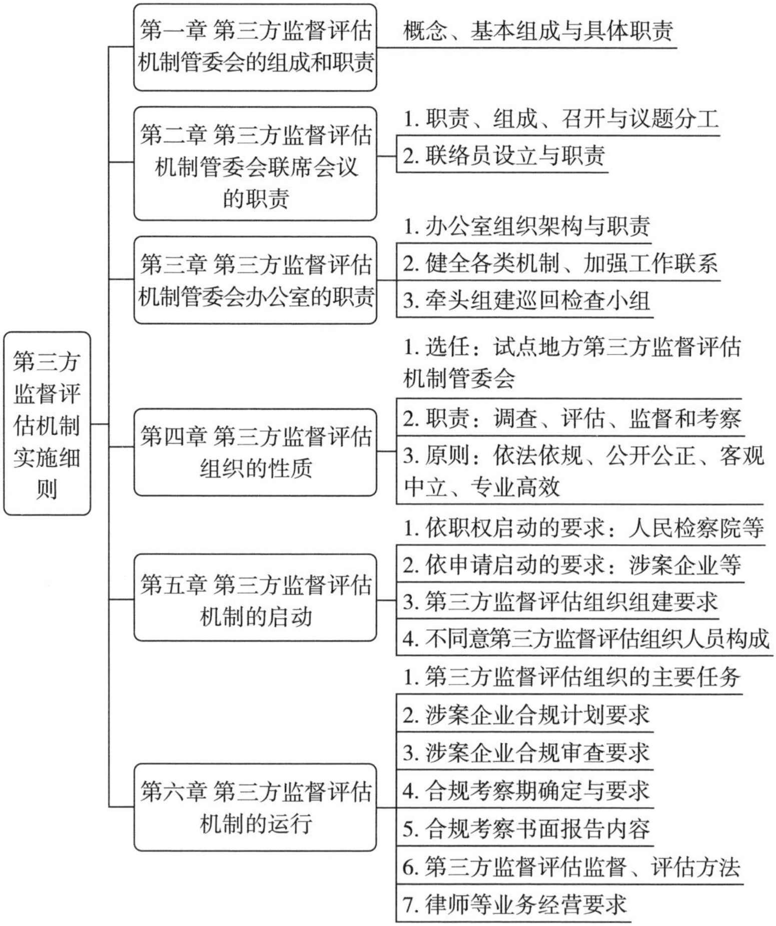

图2 《第三方监督评估机制实施细则》主要内容

出规定，明确了对涉案企业及其人员、第三方监督评估组织组成人员、第三方监督评估机制管委会或负责办理案件的人民检察院的职责。

(1)涉案企业合规计划要求

根据《第三方监督评估机制实施细则》第 28 条，第三方监督评估组织根据涉案企业情况和工作需要，应当要求涉案企业提交单项或者多项合规计划，对于小微企业可以视情简化。涉案企业提交的合规计划，应当以全面合规为目标、专项合规为重点，主要针对与企业涉嫌犯罪有密切联系的企业内部治理结构、规章制度、人员管理等方面存在的问题，制定可行的合规管理规范，构建有效的合规组织体系，完善相关业务管理流程，健全合规风险防范报告机制，弥补企业制度建设和监督管理漏洞，防止再次发生相同或者类似的违法犯罪。

(2)涉案企业合规审查要求

根据《第三方监督评估机制实施细则》第 29 条，第三方监督评估组织应当对涉案企业合规计划的可行性、有效性与全面性进行审查，重点审查以下内容：①涉案企业完成合规计划的可能性以及合规计划本身的可操作性；②合规计划对涉案企业预防治理涉嫌的犯罪行为或者类似违法犯罪行为的实效性；③合规计划是否覆盖涉案企业在合规领域的薄弱环节和明显漏洞；④其他根据涉案企业实际情况需要重点审查的内容。第三方监督评估组织应当就合规计划向负责办理案件的人民检察院征求意见,综合审查情况一并向涉案企业提出修改完善的意见。

(3)合规考察期要求

根据《第三方监督评估机制实施细则》第 31 条,在合规考察期内,第三方监督评估组织可以定期或者不定期对涉案企业合规计划履行情况进行监督和评估,可以要求涉案企业定期书面报告合规计划的执行情况,同时抄送负责办理案件的人民检察院。第三方监督评估组织发现涉案企业执行合规计划存在明显偏差或错误的,应当及时进行指导、提出纠正意见,并报告负责办理案件的人民检察院。

(4)合规考察书面报告内容

根据《第三方监督评估机制实施细则》第 33 条,第三方监督评估组织在合规考察期届满后,应当对涉案企业的合规计划完成情况进行全面了解、监督、评估和考核,并制作合规考察书面报告。合规考察书面报告一般应当包括以下内容:①涉案企业履行合规承诺、落实合规计划情况;②第三方监督评估组织开展了解、监督、评估和考核情况;③第三方监督评估组织监督评估的程序、方法和依据;④监督评估结论及意见建议;⑤其他需要说明的问题。

2.《涉案企业合规建设、评估和审查办法(试行)》

《涉案企业合规建设、评估和审查办法(试行)》是为落实《第三方监督评估机制实施细则》,在积累企业合规改革试点工作经验的前提下，为规范第三方监督评估机制相关工作而制定的，该规范具有很强的实务指引作用。该办法进一步明确了涉案企业、第三方监督评估组织、人民检察院三方关系及具体职责，形成了“涉案企业合规建设—第三方监督评估组织评估—人民检察院审查”的基本工作机制（见图3），并就“假合规”作出有效规定，对涉案企业合规建设评估未达到有效性标准或采用弄虚作假手段骗取评估结论的作出针对性解决措施。另外，该办法针对小微企业与中大型企业的结构、规模等差异，制定了针对性审查要求。

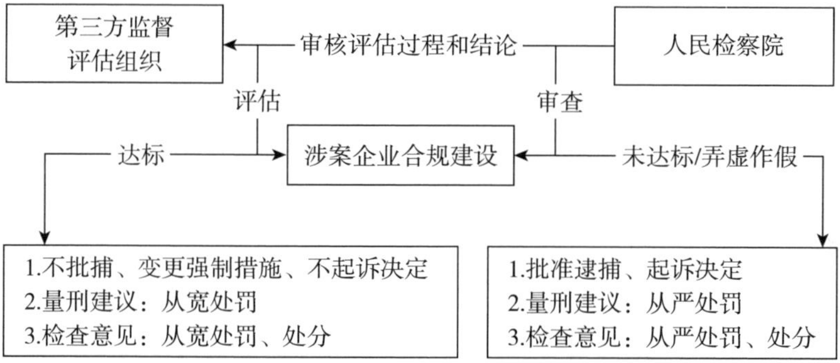

图3　“涉案企业合规建设—第三方监督评估组织评估—人民检察院审查”模式

（1）涉案企业合规建设

涉案企业合规建设是涉企合规改革试点的重点和难点。《涉案企业合规建设、评估和审查办法（试行）》在借鉴国际标准化组织发布的ISO 37301：2021《合规管理体系　要求及使用指南》的基础上，首次对涉案企业进行合规建设要点作出详细规定（见图4）。

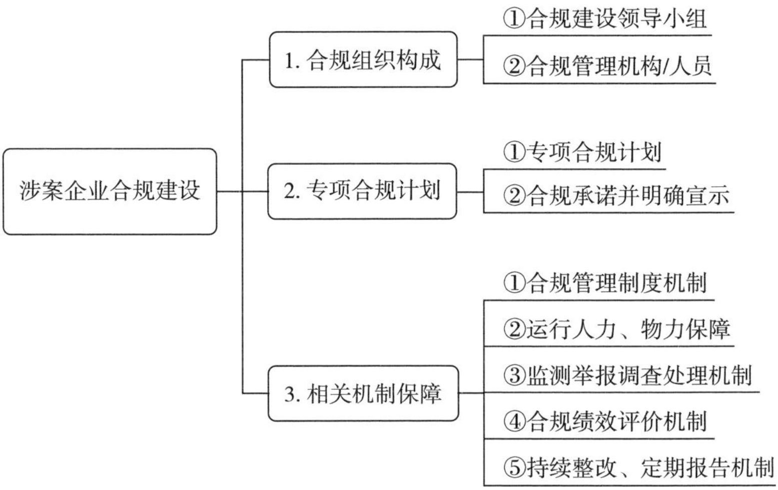

图4　涉案企业合规建设主要内容

（2）涉案企业合规评估

根据《涉案企业合规建设、评估和审查办法（试行）》第14条和第15条，涉案企业专项合规整改计划和相关合规管理体系有效性的评估内容包括：①对涉案合规风险的有效识别、控制；②对违规违法行为的及时处置；③合规管理机构或者管理人员的合理配置；④合规管理制度机制建立以及人力物力的充分保障；⑤监测、举报、调查、处理机制及合规绩效评价机制的正常运行；⑥持续整改机制和合规文化已经基本形成。除此之外，第三方监督评估组织应当以涉案合规风险整改防控为重点，结合特定行业合规评估指标，制定符合涉案企业实际的评估指标体系。评估指标的权重可以根据涉案企业类型、规模、业务范围、行业特点以及涉罪行为等因素设置，并适当提高合规管理的重点领域、薄弱环节和重要岗位等方面指标的权重。

(3)涉案企业合规审查

根据《涉案企业合规建设、评估和审查办法（试行）》第16条和第17条，第三方监督评估机制管委会和人民检察院对合规考察书面报告的审查应重点关注：①第三方监督评估组织制定和执行的评估方案是否适当；②评估材料是否全面、客观、专业，足以支持考察报告的结论；③第三方监督评估组织或其组成人员是否存在可能影响公正履职的不当行为或者涉嫌违法犯罪行为。在“涉案企业合规建设—第三方组织评估—人民检察院审查”（“范式合规”）模式外，规定了小微企业的“简式合规”模式，由检察机关直接对涉案企业合规建设进行审查：人民检察院对小微企业提交合规计划和整改报告的审查，重点包括合规承诺的履行、合规计划的执行、合规整改的实效等内容。

（二）地方规范

在试点期间内，不仅试点地区陆续出台相关规范性文件，部分未试点地区的检察机关基于最高人民检察院发布的《关于充分履行检察职能加强产权司法保护的意见》《关于充分发挥检察职能依法保障和促进非公有制经济健康发展的意见》等文件,也对企业合规进行了积极探索。在涉案企业合规改革全面推开后,各地陆续组建第三方监督评估机制管委会和第三方监督评估机制专业人员名录库,防止“纸面合规、虚假整改”成为共识,“范式合规”模式与“简式合规”模式,分案处理工作模式在改革中逐步确立完善。例如,北京市检察机关提出了“合规必要性审查”概念,河南省、贵州省、黑龙江省大庆市等地区出台了涉案企业合规办理操作规范,上海市浦东新区人民检察院率先发布《印刷企业知识产权合规工作指引(试行)》,标志着涉案企业合规工作向标准化、规范化方向发展。

据不完全统计,截至 2023 年 3 月 6 日,全国共有 12 个省、自治区、直辖市(包括其所辖县区)发布了涉案企业合规操作细则,规范名称不一,包括“企业合规工作实施办法”“企业犯罪相对不起诉实施办法”“企业合规操作指引”“合规不起诉工作规程”“办理企业合规案件工作指引”等,但内容均为对涉案企业合规改革的细化规定。上述规范的发布地区以东南沿海等发达省份为主,以第一期和第二期涉案企业改革试点地区为代表,如江苏省张家港市不仅制定了涉案企业合规改革实施细则,还在合规有效性审查等方面作出标准性规定,发挥了很好的试点示范作用,随着改革在全国范围内的推行,涉案企业合规改革具体规范也在全国各地陆续出台(见表 2)。

表2　地方规范——涉案企业合规操作细则参考

发文机关	规范名称
辽宁省人民检察院等十机关①	《关于建立涉罪企业合规考察制度的意见》
湖北省人民检察院	《不起诉案件适用非刑罚处罚措施工作指引(试行)》 《在办理企业合规案件中规范办案行为、防控办案风险的十条措施》 《湖北省检察机关涉案企业合规案件办理规程(试行)》
贵州省人民检察院	《贵州省检察机关办理企业合规案件工作规程(试行)》 《贵州省检察机关企业合规工作100问》
云南省人民检察院	《关于检察人员在涉案企业合规改革试点工作中的正负面清单》
河南省人民检察院	《河南省检察机关办理企业合规案件工作规程(试行)》
北京市人民检察院	《关于协同推进涉案企业合规改革优化法治化营商环境的意见》 《涉案企业合规必要性审查指引(试行)》

① 十机关包括辽宁省人民检察院、辽宁省市场监督管理局、辽宁省地方金融监管局、辽宁省生态环境厅、辽宁省自然资源厅、国家税务总局辽宁省税务局、中华人民共和国沈阳海关、中华人民共和国大连海关、中国银行保险监督管理委员会辽宁监管局、中国银行保险监督管理委员会大连监管局。

续表

发文机关	规范名称
江苏省张家港市人民检察院	《企业犯罪相对不起诉适用办法》 《企业合规改革试点工作实施细则》 《企业刑事犯罪风险防控手册》 《张家港市关于推进企业合规建设工作的意见(试行)》 《合规有效性审查工作办法》 《合规有效性审查专项参考指标》 《合规有效性审查工作流程》等
江苏省南京市人民检察院	《南京市检察机关开展涉案企业合规操作指引》
浙江省宁波市人民检察院	《关于建立涉罪企业合规考察制度的意见(试行)》
黑龙江省大庆市人民检察院	《大庆市检察机关办理企业合规案件工作指引(试行)》 《大庆市涉案企业合规工作手册》
广东省深圳市人民检察院	《深圳市检察机关企业合规工作实施办法(试行)》
上海市浦东新区人民检察院	《浦东新区人工智能企业数据安全和算法合规指引(试行)》 《企业知识产权合规标准指引(试行)》
上海市金山区人民检察院	《试行企业合规工作办法》 《关于企业合规第三方监管人遴选、选任、管理的暂行规定》
深圳市南山区人民检察院	《关于涉企业犯罪案件适用附条件不起诉试点工作方案(试行)》

续表

发文机关	规范名称
深圳市宝安区人民检察院、 深圳市宝安区司法局	《企业犯罪相对不起诉适用机制改革试行办法》 《关于企业刑事合规协作暂行办法》
深圳市龙华区人民检察院	《关于对涉民营经济刑事案件实行法益修复考察期的意见(试行)》
山东省临沂市郯城县人民检察院	《企业犯罪相对不起诉实施办法》
福建省泉州市洛江区人民检察院	《涉企案件合规不起诉工作规程(试行)》
浙江省舟山市岱山县人民检察院	《岱山县人民检察院涉企案件刑事合规办理规程(试行)》

资料来源:最高人民检察院网站。

三、司法实践

2021 年 6 月 3 日,最高人民检察院召开“依法督促涉案企业合规管理,将严管厚爱落到实处”新闻发布会,发布第一批 4 件企业合规改革试点典型案例。2021 年 12 月 8 日,最高人民检察院公开发布第二批 6 件企业合规典型案例,该批典型案例以适用第三方监督评估机制为重点,着力反映企业合规流程、第三方监督评估机制的启动与运行、合规整改效果、检察机关的主导作用以及典型意义。2022 年 7 月 21 日，最高人民检察院发布第三批涉案企业合规典型案例，名称上从“企业合规改革试点典型案例”（第一批）、“企业合规典型案例”（第二批）到“涉案企业合规典型案例”（第三批）的变化体现了概念规范性的进步以及企业合规改革的深入；2023 年 1 月 16 日，最高人民检察院发布第四批涉案企业合规典型案例，该批典型案例充分考虑了大中小微企业以及外商投资企业等不同企业类型合规特点。这四批典型案例是 2 年来我国企业合规改革成果的体现，具有很强的代表性和影响力，本书将其作为研究样本进行分析（见表 3）。

（一）罪名分布情况

对四批典型案例中涉及罪名及其分布情况进行统计发现，典型案例所涉罪名比较广泛且相对分散，涵盖企业生产经营的各个环节，20 件案例共涉及 18 种罪名，以“破坏社会主义市场经济秩序罪”和“妨害社会管理秩序罪”两章中的罪名为主，分别占总罪名数的 55% 和 35%（见图 5）。其中，串通投标罪作为出现频率最多的罪名共出现 3 次，污染环境罪次之，共出现 2 次。

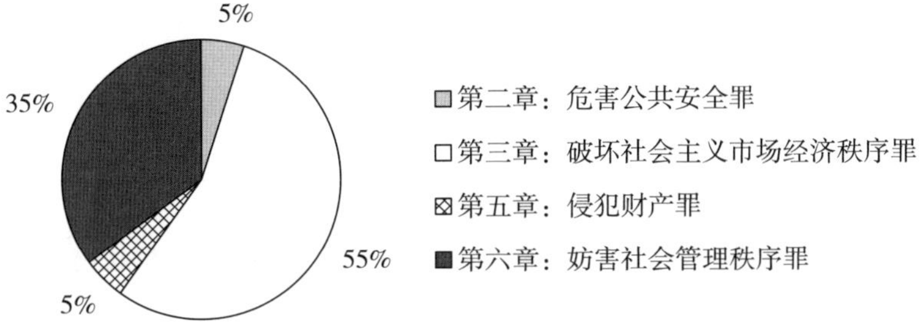

图 5　典型案例罪名分布情况

“破坏社会主义市场经济秩序罪”一章 11 件典型案例中有 4 件涉及第八节“扰乱市场秩序罪”中的罪名，有 2 件涉及第四节“破坏金融管理秩序罪”中的罪名。具体罪名包括虚开增值税专用发票罪，对非国家工作人员行贿罪，串通投标罪，假冒注册商标罪，销售假冒注册商标的商品罪，走私普通货物罪，内幕交易、泄露内幕信息罪，提供虚假证明文件罪和保险诈骗罪。

“妨害社会管理秩序罪”一章的 7 件案例中有 4 件罪名归属于第六节“破坏环境资源保护罪”，其中 2 件罪名为污染环境罪。具体罪名包括污染环境罪，非法采矿罪，掩饰、隐瞒犯罪所得罪，非法获取计算机信息系统数据罪，滥伐林木罪和非法占用农用地罪。

也有罪名如重大责任事故罪和诈骗罪仅出现 1 次，进行统计的现有典型案例相关罪名样本量较少，不能代表合规案件所有罪名类型，但观察不同批次案例罪名变化可知：企业合规案件所涉类型越来越广泛,企业合规在各行各业适用的可能性越来越高。

(二)涉案主体分析

1.涉案主体

涉案主体包括企业和个人,企业合规的适用主体是企业,但企业按要求完成合规整改后合规激励的效果不仅覆盖企业,还惠及涉案责任人员。刑事合规不起诉不仅可以适用于单位犯罪,也可以适用于自然人犯罪中的单位合规整改。最高人民检察院发布的20件企业合规典型案例主要为单位犯罪后适用刑事合规不起诉(见表3),但如典型案例12、典型案例16和典型案例18所涉罪名均为自然人犯罪。典型案例12"王某某泄露内幕信息、金某某内幕交易案"中检察院考虑到犯罪嫌疑人在涉案企业经营活动中具有难以替代的作用,简单化起诉、判刑不利于涉案企业正常经营发展,故探索针对该案以及可能判处较重刑罚案件合规改革的办案机制,推动该公司内幕信息保密合规;检察院对典型案例16"北京李某某等9人保险诈骗案"进行处理时首先明确了犯罪主体,使后续企业合规整改活动更加明确;典型案例18"山西新绛南某某等人诈骗案"典型意义指出:只要符合涉案企业合规试点文件规定的"与生产经营活动密切相关"的条件,就可以纳入合规改革试点的案件范围。从上述案例中企业开展合规改革的实践经验可知:涉案企业合规改革并不限于单位犯罪案件。

表3　最高人民检察院发布的20件企业合规典型案例情况汇总

批次	序号	典型案例	企业特点	合规具体过程	合规模式	考察组织	期限	处理结果
第一批典型案例	1	张家港市L公司、张某甲等人污染环境案	高科技民营企业	①合规告知;②考察评估;③公开听证;④相对不起诉;⑤检察意见:行政处罚	不起诉前督促	第三方	2个月	①不起诉;②行政处罚
	2	上海市A公司、B公司、关某某虚开增值税专用发票案	领军、高新技术企业	①督促企业作出合规承诺;②提起公诉并适用认罪认罚从宽制度;③检察建议:企业合规	起诉前督促+起诉后建议	检察机关	6个月	①起诉+从宽;②罚金+缓刑
	3	王某某、林某某、刘某乙对非国家工作人员行贿案	国内领先	①不起诉;②合规监管协议;③合规指导意见;④合规考察	不起诉后建议	检察机关	—	相对不起诉
	4	新泰市J公司等建筑企业串通投标系列案件	龙头企业	①公开听证;②相对不起诉;③检察意见:行政处罚;④检察建议	不起诉后建议	检察机关	3个月	对6家企业及负责人相对不起诉

续表

批次	序号	典型案例	企业特点	合规具体过程	合规模式	考察组织	期限	处理结果
第二批典型案例	5	上海J公司、朱某某假冒注册商标案	高新技术企业	①社会调查+告知合规风险；②引导合规承诺；③跨区域+第三方组织监督考察；④公开听证；⑤相对不起诉	不起诉前督促	第三方	5个月	对涉案企业和个人不起诉
	6	张家港S公司、睢某某销售假冒注册商标的商品案	小微民营企业	①社会调查+告知合规；②提交合规监督考察申请；③指导填写合规承诺；④第三方监管；⑤公开听证；⑥检察建议：撤案	撤案前督促	第三方	3个月	①建议撤案；②移送市场监督管理局作行政处罚
	7	山东沂南县Y公司、姚某明等人串通投标案	市场份额较大	①企业合规异地协作；②第三方组织监督评估；③合规验收公开听证；④相对不起诉；⑤检察意见：行政处罚；⑥检察建议：社会治理	不起诉前督促	第三方	3个月	①相对不起诉；②行政主管部门处理；③专项整治
	8	随州市Z公司、康某某等人重大责任事故案	重点引进外资企业	①合规申请、合规承诺；②作出合规考察决定；③第三方监督评估；④公开听证；⑤不起诉决定	不起诉前督促	第三方	3个月	不起诉

续表

批次	序号	典型案例	企业特点	合规具体过程	合规模式	考察组织	期限	处理结果
	9	深圳X公司走私普通货物案	龙头企业	①建议启动合规整改;②相对不起诉;③第三方监督评估;④继续合规整改;⑤检察建议:行业	不起诉前督促	第三方	12个月	相对不起诉
	10	海南文昌市S公司、翁某某掩饰、隐瞒犯罪所得案	高新技术民营企业	①启动合规整改程序;②提交整改承诺书;③第三方监督评估;④公开听证;⑤提起公诉+提出轻缓量刑建议	起诉前督促	第三方	4个月	①对公司处以罚金;②对翁某某判处缓刑并处罚金
第三批典型案例	11	上海Z公司、陈某某等人非法获取计算机信息系统数据案	高新技术企业	①合规问题交流;②合规不起诉申请;③合规考察;④第三方监督评估;⑤云听证;⑥不起诉	不起诉前督促	第三方	3个月	不起诉
	12	王某某泄露内幕信息、金某某内幕交易案	高新技术企业	①合规前审查评估;②检察建议:企业合规;③第三方监督评估;④公开听证	起诉前督促	第三方	3个月	①有期徒刑2年+缓刑2年;②罚金

续表

批次	序号	典型案例	企业特点	合规具体过程	合规模式	考察组织	期限	处理结果
	13	江苏F公司、严某某、王某某提供虚假证明文件案	小微企业	①办案影响评估;②申请合规、合规承诺;③检察院进行合规监管、评估;④公开听证;⑤不起诉	不起诉前督促	检察机关	6个月	①缓刑+罚金;②公司不起诉
	14	广西陆川县23家矿山企业非法采矿案	小型企业	①综合审查,对系列案件采用行业合规;②第三方组织为主,其他部门配合监督考察;③公开听证;④不起诉	不起诉前督促	第三方	2个月	对2家企业、6名犯罪嫌疑人不起诉
	15	福建省三明市X公司、杨某某、A串通投标案	高科技民营企业	①社会调查;②刑事合规告知书;③书面合规承诺;④第三方监督评估;⑤公开听证;⑥不起诉决定	不起诉前督促	第三方	3个月	不起诉
第四批典型案例	16	北京李某某等9人保险诈骗案	百强经销商	①明确犯罪主体——非单位犯罪;②公司主动合规整改;③第三方监督评估;④公开听证	起诉前督促	第三方	3个月	考察后1人从宽、3人不起诉

续表

批次	序号	典型案例	企业特点	合规具体过程	合规模式	考察组织	期限	处理结果
	17	山东潍坊X公司、张某某污染环境案	中外合资企业	①实地调查、启动合规；②第三方监督评估；③公开听证；④不起诉；⑤检察意见：行政处罚	不起诉前督促	第三方	3个月	①不起诉；②建议环境局从宽处罚
	18	山西新绛南某某等人诈骗案	高新技术企业	①申请适用合规考察；②启动合规考察程序；③第三方监督评估；④公开听证；⑤相对不起诉；⑥检察建议：以案促改	不起诉前督促	第三方	3个月	不起诉
	19	安徽C公司、蔡某某等人滥伐林木、非法占用农用地案	外商独资企业	①主动提出合规整改；②启动合规考察；③第三方监督评估；④公开听证；⑤不起诉	不起诉前督促	第三方	2个月	对C公司及涉案人员不起诉
	20	浙江杭州T公司、陈某某等人帮助信息网络犯罪活动案	高新技术企业	①社会调查、启动合规；②第三方监督评估；③公开听证；④不起诉；⑤推动相关部门探索企业事前合规	不起诉前督促	第三方	3个月	对T公司及涉案人员不起诉

2. 涉案企业特点

(1)出资方式:涉案企业包括民营企业、外商投资企业,并无国有企业存在。但这并不意味着,适用涉案企业合规程序办理案件受所有权性质影响。

(2)企业规模:涉案企业包括规模较大的龙头或行业领军企业、在当地有影响力的中型企业,也包括小微企业。不同于欧美国家倾向于大型企业合规,总体来看,我国适用涉案企业合规程序办案范围不受企业规模大小影响。

(3)企业特征:涉案企业一般具有"高新技术企业/高科技企业""龙头企业/领军企业""市场份额占比较大"等特征,其中"高新技术企业/高科技企业"出现的频率最高,典型案例涉案企业中几乎一半为高新技术企业,凸显国家对高新技术企业发展的重视以及新技术、新领域发展过程中企业合规的重要性。

(三)合规激励模式

在最高人民检察院发布的20件典型案例中有16件处理结果为不起诉,1件被建议撤案,据此总结出刑事合规不起诉两种主要模式:"检察建议模式"与"附条件不起诉模式"。[①] "检察建议模式"是指检察机关在作出不起诉决定时,通过检察建议的方式督促涉案企业建立合规体系,如典型案例3和典型案例

---

① 参见李玉华:《企业合规不起诉制度的适用对象》,载《法学论坛》2021年第6期。

4;典型案例4中检察机关先对J公司等6家企业及其负责人作出相对不起诉决定,再向6家涉案企业发出检察建议,要求企业围绕所涉罪名及相关领域开展合规建设。“附条件不起诉模式”是在对未成年人轻微刑事犯罪适用附条件不起诉制度的外衣下,以暂缓起诉协议制度为基础,将审查起诉期限作为合规承诺考验期,通过对考验期内合规实施情况进行考量从而作出起诉或不起诉决定的模式。

鉴于合规整改情况作为起诉与否和争取宽大处理的重要考量因素,附条件不起诉模式相比检察建议模式具有更好的强制性效果,在作出不起诉决定的典型案例中,大多采用附条件不起诉模式,但不可就此否认检察建议的重要性,事实上诸多案例是不起诉前督促合规与不起诉后建议合规两种方式的结合,如典型案例7、典型案例9、典型案例18。典型案例7中检察院在作出相对不起诉决定后针对办案过程中发现的问题向市场监管等部门发出完善招投标管理、堵塞制度漏洞等检察建议;典型案例9中检察院针对办案中发现的行业普遍性问题向海关发出检察建议;典型案例18中通过检察建议推动专项治理,“以案促改”推动“工伤保险专项整治活动”。附条件不起诉模式存在与现行制度难以兼容的问题,而检察建议模式既可以单独适用于涉案企业合规改革,也可作为配套措施适用于企业合规监管模式和不参与合规整改的相关单位,有助于在个案办理的同时推动企业甚至行业问题的解决,有效发挥我国检察制度的优势,取得较好的社会治理效果。①

(四)合规监管模式

以有无第三方监管人为标准,可将合规监管模式分为检察机关自我监管模式和第三方监管模式。第三方监管模式在实践中呈现为检察机关联合行政机关监管模式、独立合规监管人模式和第三方监管人+企业合规监督管理委员会模式。“截至2022年12月,全国共建立32个省级管委会、319个地市级管委会、1457个县区级管委会,共有成员单位18,000余家,具有鲜明中国特色的第三方监督评估机制已初步建立并实质化专业化运行。”②目前,第三方监管模式是主流监督考察模式,在20件典型案例中有16件适用上述第三方监督评估机制。

1. 检察机关自我监管模式

顾名思义,这种模式是由检察机关自行监管完成合规监督考察,主要在第一批典型案例中应用。典型案例3中检察机关与深圳市Y公司签订刑事合规监管协议,由后者制定有效的合规计划、同意接受检察机关的监督考察和协助开展合规建设,根据深圳市南山区人民检察院《关于涉企业犯罪案件适用附条

① 参见尹力、王青苗:《涉案企业合规改革的实践审视与发展完善——基于全国企业合规典型案例的实证分析》,载《天津法学》2022年第3期。

② 徐日丹:《最高检:积极推动建立中国特色现代企业合规司法制度》,载最高人民检察院网2023年2月24日,https://www.spp.gov.cn//zdgz/202302/t20230224_603829.shtml。

件不起诉试点工作方案(试行)》的规定,合规监管协议由检察官、刑事合规专员以检察机关的名义签署,协议内容主要包括:企业承担配合调查义务;企业承担系列补救性义务;企业制定刑事合规计划,建立可有效预防犯罪的合规管理制度;企业定期向检察机关报告合规计划执行进度;等等。最高人民检察院发布的第二批、第三批、第四批典型案例以第三方监管模式为主流模式,以典型案例 13 为代表的小微企业的“简式合规”是检察机关自我监管模式的进一步探索,检察院立足企业实际情况,直接开展合规监管与评估,并聘请三名专业人员协助开展,不仅能保证外部人员的独立性,还能发挥检察机关的主导作用,同时简化合规流程、减轻企业合规成本。

2. 检察机关联合行政部门监管模式

此种模式下,检察机关联合相关行政主管部门或者企业所在街道、乡镇政府部门负责对涉案企业合规情况进行考察。[①] 以宁波市人民检察院为代表,其出台的《关于建立涉罪企业合规考察制度的意见》规定考察机关应督促企业有效实施合规计划、对企业合规整改情况书面报告进行分析,根据考察情况向检察机关提交涉案企业合规考察评估报告,作为检察机关是否提起公诉的参考依据。如典型案例 1 中检察机关委托行政部门对合规计划进行专业评估,并组建以生态环境部门专业人员

① 参见陈瑞华:《企业合规不起诉制度研究》,载《中国刑事法杂志》2021 年第 1 期。

为组长的评估小组，对 L 公司整改情况及合规建设情况进行评估，有助于实现涉案企业实质化合规，推动行刑衔接。

3. 独立合规监管人模式

此种模式通过检察机关与司法行政机关、市场监管部门协作，选任独立的合规监管人，通常被称为合规监管员、独立监控人等。独立监控人一般由律师事务所、会计师事务所、税务师事务所等外部专业机构担任，在具备相关专业知识、实务经验的同时也具有良好形象。深圳市宝安区司法局印发的《关于企业刑事合规独立监控人选任及管理规定(试行)》对独立监控人的选任条件、主要职责、管理与惩戒作出详细规定，如典型案例 9 便是该规定的典型实践。

4. 第三方监管人 + 企业合规监督管理委员会模式

此种模式以上海市金山区人民检察院为代表，企业合规第三方监管机制的主体应包括第三方监管人和企业合规监督管理委员会(以下简称监管委员会)。第三方监管人即在刑事诉讼程序中受企业委托或者检察机关指派，对涉案企业的合规工作进行调查、规划、监督、咨询的律师事务所、会计师事务所、审计师事务所等专业化的机构或者人员。监管委员会包括有关行政执法单位、工商联等。在这一模式下，第三方监管人负责对企业合规计划落实情况进行监督、指导。检察院联合行政机关设立监管委员会，防范化解企业合规工作中可能出现的风险，并对第三方监管人的工作进行指导、监督。第三方监管人注重微观的把控和监督，而监管委员会则负责宏观的指导、监督、争议解决（见图6）。①

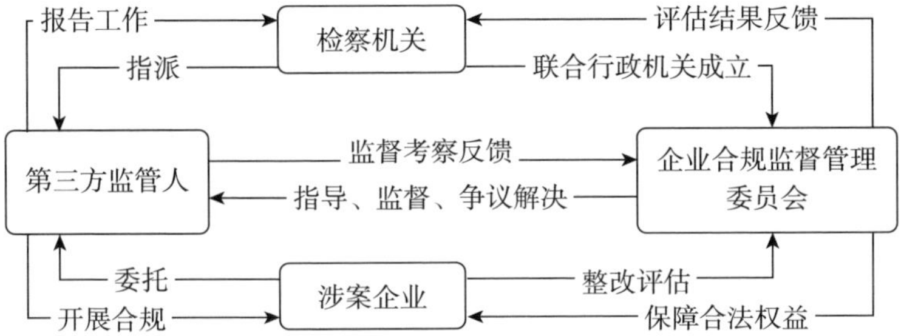

图6　“第三方监管人＋企业合规监督管理委员会”模式

（五）合规考察期限

典型案例中合规考察期为2个月到12个月不等，超过一半的典型案例合规考察期为3个月，根据现行《刑事诉讼法》的规定，检察机关审查起诉期限通常为45天，案件采取不同的刑事强制措施，办案期限也有所不同，犯罪嫌疑人被羁押的，审查起诉最长6.5个月；被取保候审的则为1年；案件是否重大复杂、是否改变管辖、是否退回重新补充侦查对审查起诉期限也有影响。

不同地区企业合规考察期限具体规定如下：辽宁省人民检察院设定的合规考察期为3～5个月，深圳市南山区人民检察院设定的合规考察期为6～12个月，浙江省宁波市人民检察院

① 参见谈倩、李轲：《我国企业合规第三方监管实证探析——以检察机关企业合规改革试点工作为切入点》，载《中国检察官》2021年第11期。

设定的合规考察期为6～12个月，浙江岱县人民检察院设定的合规考察期为6～24个月。相较于西方国家暂缓起诉制度中通常设置的1～3年考验期，我国合规考察期明显较短，因此出现实践中涉案企业合规整改的专业性和复杂性与考察时间较短的不协调问题，合规整改难以在案件办理期限内完成。为克服这一困难，检察机关主要采用以下三种模式对合规考察期限进行延长。

1. 侦查期间提前介入

如典型案例10中检察机关提前介入侦查，引导公安机关收集合规信息与材料，提前介入了解涉案企业情况并对侦查机关提出意见和建议。典型案例18中检察机关在介入侦查环节便开展合规准备工作。早合规优于晚合规，虽然没有在实质上延长合规考察期限，但是节省了时间，为后续合规整改奠定了基础。

2. 审查期间延长期限

检察机关收到移送案件后，可以通过延长审查起诉期限、退回公安机关补充侦查的方式延长合规考察期。如辽宁省发布的《关于建立涉罪企业合规考察制度的意见》规定，检察机关对涉罪企业案件自移送审查起诉之日起30日内进行审查，并将合规考察期规定为3个月以上5个月以下，将考察期限定在案件两次退回补充、两次延长审查起诉期限相加之和的范围内。

3. 不起诉后继续考察

如典型案例9中2020年3月X公司便已开启合规整改工

作，深圳市人民检察院于2020年9月9日已对X公司及涉案人员作出相对不起诉处理并继续进行合规整改，2021年6月对其进行考察评估，在此之后第三方工作组织还对其进行为期1年的回访考察。在深圳市宝安区司法局印发的《关于企业刑事合规独立监控人选任及管理规定（试行）》发布后，惠民机电公司作为第一家适用独立监控人制度开展合规建设的企业，也采用了不起诉后继续考察进行合规建设的模式，该公司在被作出不起诉决定后仍在独立监控人的协助下，加强企业的合规管理并定时汇报合规情况。上述"先期刑事合规+不起诉+后期刑事合规"的考察模式选用独立监控人作为第三方监管主体，通过多期监控考察的方式延长刑事合规期限，充分发挥了刑事合规在修补风险漏洞、增强市场竞争力方面的重要作用。①

（六）案件处理结果

20件典型案例中的企业进行合规整改后均享受了刑事激励措施，获得了从宽处理，具体结果有建议撤案、相对不起诉、起诉但从轻量刑、减少企业罚金等。《涉案企业合规建设、评估和审查办法（试行）》第2条规定，对于涉案企业合规建设经评估符合有效性标准的，人民检察院可以参考评估结论依法作出

---

① 参见李英华、彭振、熊哲菱：《广东省深圳市宝安区检察院积极推进企业合规试点工作一年间》，载最高人民检察院网2021年5月25日，https://www.spp.gov.cn/spp/gdjcp/202105/t20210525_573156.shtml。

不批准逮捕、变更强制措施、不起诉的决定,提出从宽处罚的量刑建议,或者向有关主管机关提出从宽处罚、处分的检察意见。

但进行合规整改并不代表企业获得了一块"免死金牌",从20件典型案例来看,绝大多数案件获得了不起诉处理,1件公安机关撤案,仅有4件案例被提起公诉,涉案企业通过开展合规整改、合规建设、守法经营可获得一定程度的从宽激励,同时减少再犯风险,如典型案例2、典型案例10、典型案例12、典型案例16。但对于涉案企业合规建设经评估未达到有效性标准或者采用弄虚作假手段骗取评估结论的,人民检察院可以依法作出批准逮捕、起诉的决定,提出从严处罚的量刑建议,或者向有关主管机关提出从严处罚、处分的检察意见(见表3)。

第二章　刑事合规不起诉的适用条件

第一节　刑事合规不起诉适用的法定条件

一、适用的法定条件

（一）涉案企业、个人认罪认罚

1. 认罪认罚是合规启动条件的制度和理论依据

首先，从域外经验来看，这种用减轻刑事责任的方式激励企业主动进行认罪认罚、合规整改的思路，除了节约司法资源，还能促使国家社会治理结构由国家单向治理向“国家——企业”合作治理转变。例如，美国《联邦量刑指南》规定，如果企业在涉案后主动报案、合作并认罪，就会得到减轻责任点数的奖励，责任点数的多少直接影响刑罚。[①]

---

① 参见赵恒：《“认罪认罚从宽”内涵再辨析》，载《法学评论》2019 年第 4 期。

其次,我国的认罪认罚从宽制度是“合作性司法理念”与“恢复性司法理念”相结合的结果,通过“国家——个人”协商,国家用量刑从宽来换取犯罪嫌疑人主动反省违法行为,修复被违法行为损害的法益。合规不起诉制度只是在此基础上增加了企业作为认罪认罚的主体,同样秉承着合作的司法理念。因此,从我国的制度需求来看,认罪认罚从宽制度与合规不起诉制度一脉相承。

最高人民检察院发布的《关于开展企业合规改革试点工作方案》中规定,合规不起诉制度应当与认罪认罚从宽制度结合起来。通过适用认罪认罚从宽制度等,对涉及企业的案件,做到依法能不捕的不捕、能不诉的不诉、能不判实刑的要提出判处缓刑的量刑建议,①以督促企业建立合规制度、履行合规承诺。在《关于建立涉案企业合规第三方监督评估机制的指导意见(试行)》第 4 条中,更是将涉案企业、个人认罪认罚作为法定条件的第 1 项,可见认罪认罚在合规不起诉制度中的重要程度。

综上,认罪认罚作为合规不起诉的首要适用条件,要求涉案企业和个人一定要如实交代犯罪事实,供述一致。同时需要注意,根据 2019 年 10 月 11 日最高人民法院、最高人民检察院、公安部、国家安全部、司法部(以下简称“两高三部”)联合发布

---

① 参见赵恒:《涉罪企业认罪认罚从宽制度研究》,载《法学》2020 年第 4 期。

的《关于适用认罪认罚从宽制度的指导意见》规定，如果犯罪嫌疑人犯数罪，仅如实供述其中一罪或者部分罪名事实的，全案不作“认罪”的认定，不适用认罪认罚从宽制度，也就无法适用合规不起诉。

2. 对涉案企业“认罪认罚”的认定

根据 2021 年印发的最高人民法院《关于适用〈中华人民共和国刑事诉讼法〉的解释》第 347 条的规定，“认罪”是指犯罪嫌疑人、被告人自愿如实供述自己的罪行，对指控的犯罪事实没有异议；“认罚”是指犯罪嫌疑人、被告人真诚悔罪，愿意接受处罚。

另外，根据《关于适用认罪认罚从宽制度的指导意见》规定，承认指控的主要犯罪事实，仅对个别事实情节提出异议，或者虽然对行为性质提出辩解但表示接受司法机关认定意见的，不影响“认罪”的认定。“认罚”在侦查阶段表现为愿意接受处罚，在审查起诉阶段表现为接受人民检察院拟作出的起诉或不起诉决定，认可人民检察院的量刑建议，签署认罪认罚具结书。

刑事合规不起诉中的认罪标准与自然人犯罪中的认罪标准相同，都需要如实供述所犯罪行、承认指控的犯罪事实，允许对个别事实的情节提出异议或者对行为的性质提出辩解。我国《刑法》规定单位犯罪必须体现单位意志，一般表现为单位决策机关如股东会、董事会的决定、决议。另外，对公司行为有决策权的人的意志也是单位意志，这种意志虽然有时在形式上表现为单位主要负责人的个人意志,但由于负责人在单位中处于决定性地位,他们的意志已经上升为单位整体的意志。[①] 根据涉案企业是否具有单位意志,实践中涉企犯罪通常表现为三种情形:第一种是企业直接负责的主管人员具有犯罪故意,并有明确犯罪意思表示,企业犯罪行为在"单位意志"的命令或者授权下发生。对于此种情形,企业应当如实供述其犯罪事实,并对自身犯罪意志予以承认。第二种是企业内部并未建立有效的合规管理体系或者现有合规管理体系未能发挥理想作用,企业内部的监管存在明显的漏洞,无法及时发现和阻止违法犯罪行为的发生。对于此种情形,认罪的内容不仅包括所发生的犯罪事实,还包括企业自身的漏洞,即企业能够认识到自己的监管缺陷导致了违法犯罪事实的发生。第三种是犯罪行为的发生完全属于企业正常监管下的员工行为,不代表单位意志。对于此种情形,企业能够与具体行为人实现责任分离,进而提出无罪抗辩,但同样要求企业对自然人的犯罪事实予以承认。

刑事合规不起诉制度中涉案企业的"认罚"除了接受犯罪行为的刑罚后果外,还包括以下方面:(1)积极配合办案机关调查,同时开展内部自我调查,并及时向办案机关移送相关的犯罪线索和证据;(2)及时修复被违法行为破坏的法益;(3)接受行政机关给予的行政处罚;(4)及时处罚企业内部的相关责任

① 参见李桂红:《单位犯罪中单位行为与单位意志的认定》,载《当代法学》2006年第4期。

人,完善内部管理机制;(5)采取预防和化解社会矛盾的相应措施,避免社会矛盾的激化和扩大。

(二)涉案企业能够正常生产经营,具有合规能力

合规能力是指企业制定并有效实施合规计划,整改原有的刑事风险漏洞,建立有效的合规管理体系,并能够持续进行合规建设的能力。

1. 企业具有合规能力是确保合规计划有序开展的前提

适用合规不起诉制度以企业合规计划的实施情况为主要依据,在合规考察期届满之前,检察机关认为涉案企业完成了合规承诺,成功推进合规计划实施的,可以据此作出不起诉决定。[①] 但是,企业合规整改、合规建设,以及持续合规需要的成本高昂,只有拥有足够经济实力的企业才能确保合规计划落实到位,保障企业顺利地通过合规考察。

从恢复性司法理念的角度来看,企业具有合规能力是稳定社会经济秩序,保障被害人合法权益,落实合规不起诉制度的基本要求。恢复性司法理念强调对涉案企业进行合规整改的目的在于,引导合规企业及时回归合法运营轨道,并以此为基础来恢复受损的市场秩序,修复受到侵害的社会法益。涉案企业是否具备合规能力关系到涉案企业合规案件的恢复性司法

---

① 参见陈瑞华:《刑事诉讼的合规激励模式》,载《中国法学》2020 年第 6 期。

目标是否能够实现，也关系着被害方的损失能否得到有效的补偿。

2. 能否正常经营是判断企业是否具备合规能力的重要条件

企业的经营状况决定着企业能否承受合规建设所投入的高额成本，企业作为理性经济人必定会衡量其中的利害关系。根据《关于建立涉案企业合规第三方监督评估机制的指导意见（试行）》第 4 条第 2 项的规定，适用该指导意见需要涉案企业能够正常生产经营，承诺建立或者完善企业合规制度，具备启动第三方监督评估机制的基本条件。合规整改和合规建设属于高人力、高成本的持续性建设项目，只有正常经营的企业才能为企业合规建设提供充足的人力、资金、设备和技术支持，减轻合规监管负担，保障合规平稳顺利推进。涉案企业是否正常经营一般通过其外在表现来进行判断，在最高人民检察院已经公布的四批典型案例中，涉案企业大多数都具有较强的纳税能力、行业地位和社会影响力，能够按照要求执行合规整改计划，进行有效合规整改。

此外，企业当前的经营状况和未来合规计划的投入成本也是判断企业合规能力的重要参考依据。具体来说，涉案企业是否可以正常经营可以从以下几个方面进行判断：（1）在经营业务方面，企业从事的是合法事项；（2）在生产运营方面，生产线未出现大面积停产停工，订单和销售能够维持合规项目的开支需要;(3)在资金支持方面,资金来源有稳定保障,能够保证合规整改项目的基本质量与持续推进;(4)在组织人事方面,主要负责人员是否被羁押,其羁押对企业运营是否产生实质影响。

3. 不同类型的企业在判断合规能力方面应有所差异

从最高人民检察院发布的四批典型案例来看,涉案企业在规模上有当地中小微企业、大型企业,还有国内行业龙头企业和拟上市企业;从性质上来看,既有民营企业、外商投资企业,还有集体企业和国有企业;从企业类型来看,涵盖销售与贸易型企业、食品加工企业、建筑工程企业、高新技术企业等。

因此,在判断企业合规能力时,对于不同规模、不同类型、不同性质的企业应当具体问题具体分析。例如,大多数中小微企业的犯罪问题并不是特别严重,其合规整改的内容也并不复杂,但是由于企业自身管理人员相对单一,资金储备相对有限,容易受到诉讼的影响。针对这类企业的合规能力判断应着重关注其主要责任人员是否被羁押,企业是否还具备基本生产条件,资金链是否能够正常运转,储备资金是否能够承担合规费用和罚款罚金等。又如,大型企业内部结构复杂,部分工作关联性较高,贷款数额和项目资金一般较大,落实合规整改、实施合规计划所需的成本也较高。因此,对于大型企业要关注其储备资金是否充足,是否有足够的材料供应、技术支持、专业人员来保障合规计划的执行和落实。对于上市公司还应当关注其股价波动情况和股民交易信心,正确预估股市不稳定因素的影响范围和程度。对于国有企业还需要考量技术创新能力、组织人事调整、国家和地方政策、国际政治环境等因素。对于高精尖企业应关注其是否能够继续正常研发,创新型、主导型研发人才是否大量流失,企业核心技术是否还能够投入生产等。

(三)案件事实清楚,证据确实、充分

企业合规应在案件事实清楚,证据确实、充分的情况下启动,这样才符合企业刑事合规制度的设计初衷。

1. 预防起诉裁量权的滥用

最高人民检察院在刑事合规不起诉制度的改革试点中,对涉案企业适用该制度仍要达到我国起诉的法定证明标准,即案件事实清楚,证据确实、充分,该项条件可以有效预防检察机关起诉裁量权的滥用,以保障企业合法权益不受侵犯。如果允许检察机关在较低的证明标准下与企业协商是否适用合规不起诉制度,则会大大降低该制度的现实意义和制度价值,且违背"慎捕慎诉"的刑事政策理念。

2. 符合适用认罪认罚的基本条件

案件事实清楚,证据确实、充分是适用认罪认罚制度的基本条件,也是适用合规不起诉制度的条件之一。2019 年 10 月 24 日"两高三部"发布的《关于适用认罪认罚从宽制度的指导意见》中规定,坚持法定证明标准,侦查终结、提起公诉、作出有罪裁判应当做到犯罪事实清楚,证据确实、充分,防止因犯罪嫌

疑人、被告人认罪而降低证据要求和证明标准。对犯罪嫌疑人、被告人认罪认罚,但证据不足,不能认定其有罪的,依法作出撤销案件、不起诉决定或者宣告无罪。

3. 符合我国诉讼制度的立法精神和实践经验

我国刑事诉讼制度遵循客观真实与法律真实的辩证统一,[①]无论在任何诉讼阶段,司法机关都必须对基本事实进行实质审查。在涉企案件中,即使涉案企业和相关责任人均认罪认罚,司法机关也要审查其自愿性、合法性,更重要的是要基于客观证据审查判断全案是否达到了“案件事实清楚,证据确实、充分”的法定证明标准。根据我国《刑事诉讼法》及其相关司法解释规定,“案件事实清楚,证据确实、充分”应当满足以下三个条件:一是在实体方面,定罪量刑的事实都有证据证明。二是在程序方面,据以定案的证据均经法定程序查证属实,即据以定案的证据是真实且合法的。三是在心证方面,综合全案证据,对所认定的事实均已排除合理怀疑。尽管如此,我国司法实践中还是有部分“事实不清、证据不足”的案件未能经得起历史的检验,最终成了冤假错案。如果对“事实不清、证据不足”的案件适用合规不起诉制度,无疑是认可了“疑罪从轻”的错误做法。

综上,适用合规不起诉制度并不能动摇对“案件事实清楚,

① 参见陈光中主编:《刑事诉讼法》,北京大学出版社 2016 年版,第 173 ~ 175 页。

证据确实、充分"的证明标准，只有达到证明标准并符合适用合规不起诉制度其他条件的，才可以适用合规整改。如果未达到法定证明标准，即便涉案企业认罪认罚自愿、合法，也不能随意启动合规整改。在企业涉案行为未达到起诉标准的情况下，如果发现涉案企业经营管理存在合规风险，检察机关应当依法作出不起诉决定，并向该企业发出合规整改的检察建议，建议企业针对相关漏洞作出合规整改，从而达到预防企业犯罪的目的。

(四)涉案企业自愿适用企业合规

涉案企业合规承诺的自愿性关系到合规计划的有效性以及刑事诉讼的正当性。刑事合规不起诉制度尽管是对犯罪企业的刑事激励措施，能够有效改善企业治理结构，有效预防违法犯罪行为，但合规考察制度毕竟是法律额外附加给涉案企业的"义务"，不仅将企业长期暴露于公权力之下，有侵害企业经营自由的风险，而且合规建设还需要投入巨大的资源成本，小微企业一般难以承受。

因此，合规承诺必须是涉案企业在充分了解合规不起诉制度含义和合规监管要求之后，根据自己的意愿作出的真实意思表示。涉案企业需有主动合规经营的意愿，自愿向检察机关提交刑事合规建设的合规承诺书以及其他可以证明企业履行社会责任的证据材料，证明其有合规整改的基础、条件和能力，涉案企业在此基础上作出合规承诺可以认定为自愿适用企业合规。

对于涉案企业来说，合规承诺既是企业向办案机关作出合规整改和合规建设的“保证书”，也是企业对自身违法犯罪行为的“检讨书”。涉案企业的合规承诺一般包括以下几个方面的内容：

首先是涉案企业承诺进行合规整改，消除原有的合规风险以及合规漏洞。企业认罪后，应当进一步对犯罪行为所暴露出的合规问题提出有针对性的整改意见或整改方案。

其次是承诺进行合规建设，逐步建立起有效的合规管理体系。刑事合规不起诉制度的目的是通过合规整改让涉案企业建立科学的合规体系，从而实现合规经营和合规可持续发展。

最后是涉案企业承诺配合合规监管，落实合规监管的考察意见。主要表现为：(1)在合规考察过程中，涉案企业为第三方监督评估组织开展合规监管提供必要的便利；(2)积极解决合规监管过程中遇到的阻碍和困难；(3)及时落实第三方监督评估组织的合规整改意见；(4)与第三方监督评估组织一同预防和制止监管过程中的过错发生。

二、无法适用的法定情形

根据《关于建立涉案企业合规第三方监督评估机制的指导意见（试行）》第5条的规定，“对于具有下列情形之一的涉企犯罪案件,不适用企业合规试点以及第三方机制:(一)个人为进行违法犯罪活动而设立公司、企业的;(二)公司、企业设立后以实施犯罪为主要活动的;(三)公司、企业人员盗用单位名义实施犯罪的;(四)涉嫌危害国家安全犯罪、恐怖活动犯罪的;(五)其他不宜适用的情形"。实务中,无法适用的法定情形具体如下:

(一)个人为进行违法犯罪活动而设立的企业

涉案行为的发生与企业管理制度不完善存在因果关系,在这种情况下,开展企业合规整改才可以有效防止犯罪行为再次发生。而在个人为犯罪活动而设立企业的情形中,其设立企业的目的违反了公司法人制度的社会目的。这类企业由于会被认定为实质上是披着合法形式的外衣从事违法犯罪的活动,因此无法适用合规不起诉制度。

例如,最高人民检察院发布的第二十六批指导性案例中,第98号"邓秋城、食品公司等销售假冒注册商标的商品案"中,涉案企业广州市百益食品贸易有限公司系被告人邓秋城等人为经营假冒咖啡专门设立,邓秋城伙同他人将21,304件假冒速溶咖啡销售给食品(厦门)有限公司,销售金额达383万余元。对于此类为了从事违法犯罪活动而设立的涉案企业,企业本身只是作为其发起人从事犯罪活动的工具,不具备独立的主体资格,所以不能适用合规不起诉制度。

如果涉案企业是个人为了进行违法犯罪活动而设立,其作为单位犯罪主体便会被否认。最高人民法院《关于审理单位犯罪案件具体应用法律有关问题的解释》明确规定:个人为了进行违法犯罪活动而设立的公司、企业、事业单位实施犯罪的,不以单位犯罪论处。非依法成立的企业,属于非法组织,自然不能具有合法的法律人格,应当否定其法律人格。

(二)企业设立后以实施犯罪为主要活动

依法设立的企业设立后以实施违法犯罪活动为主要活动的,也不能适用合规不起诉制度。

比如,在最高人民检察院发布的第二十六批指导性案例中,第101号"姚常龙等五人假冒注册商标案"中,被告人姚常龙(日照市东港区万能国际贸易有限公司法定代表人)安排被告人古进(日照市东港区万能国际贸易有限公司采购员)购进打印机、标签纸、光纤模块等材料,伪造"CISCO""HP""HUAWEI"光纤模块等商品,并安排被告人魏子皓(日照市东港区万能国际贸易有限公司销售组长)等人向境外销售。姚常龙、古进共生产、销售假冒上述注册商标的光纤模块10万余件,销售金额共计人民币3162万余元。检察机关认定日照市东港区万能国际贸易有限公司自2014年成立后截至案发,实际以实施犯罪活动为主,相关犯罪收益也均归属于日照市东港区万能国际贸易有限公司,在此类情形中涉案企业无法适用合规不起诉制度。

从本质上看,企业是一个经法律拟制为“人”的社会存在,法律拟制的根据就在于企业是一个独立于外部其他社会主体及其内部自然人成员的社会主体,具有独立的人格。独立人格是企业成为法律上的“人”的基础。从构造上看,在企业这个由自然人、财产及目标组成的有机整体中,企业设立目标居于核心地位,是企业人格的灵魂。在企业依法成立的情况下,作为法律拟制的主体,其目标必然具备合法性。如果企业在设立之后,以实施犯罪为主要活动,就表明其行为已经完全背离了企业设立的目标。失去目标,就意味着企业的存在失去了合理依据。即使犯罪活动是由企业的所有自然人成员利用企业的财产所实施,此时企业作为一个独立于自然人成员的存在,也已经无法形成自己在目标支配下的整体意志,因此,独立人格不复存在。

单位法人制度的设立旨在促进经济的发展和便于社会事务的管理,这就要求单位法人不仅在设立的主观目的上要合法,而且要在法律允许的范围内从事经营活动。如果成立后,以违法犯罪活动为主要经营业务,那就与单位法人制度建立的初衷相违背。此种情形之下,涉案企业将会被揭开企业面纱,直接追究背后操纵犯罪者的刑事责任。考察域外的一些公司制度比较发达的国家可以发现,对公司设立后以犯罪活动为主要业务的,大多数国家持否定公司法人人格的态度。美国是判例法国家,法官在判决书中确立了这一项原则,即公司被作为一个法律实体是一般原则，但是当法律实体被用来妨害公众利益、维护不法行为、实施欺诈或犯罪时，法律将会视公司法人为个人合伙。[①]

（三）企业人员盗用单位名义实施犯罪

若适用涉案刑事合规不起诉制度：首先，该涉案行为应属于企业生产经营业务本身，或属于因企业生产经营而开展的关联活动；其次，涉案行为需基于谋求企业利益而实施，如果该行为与企业利益无关则可能无法适用合规不起诉制度。

如果企业人员假借单位名义为自己谋取私利，单位仅仅是其谋取个人利益的犯罪工具，例如，盗用单位名义实施犯罪且违法所得由实施犯罪的个人私分的，属于纯粹的自然人犯罪，涉案企业并无实质上的参与或关联，此类情形涉案企业将无法适用合规不起诉制度。在最高人民法院公报案例郭庆文生产、销售伪劣产品案中，被告人郭庆文在生产、销售伪劣产品时为了达到签订销售合同的目的，在合同上加盖了单位公章，而该单位对被告人郭庆文生产、销售伪劣产品的行为并未参与，也不知情，该行为属于盗用单位名义实施的自然人犯罪，无法适用合规不起诉制度。

刑事合规不起诉制度要求企业人员的违法犯罪行为是为

---

① 孔祥俊：《公司法要论》，人民法院出版社1997年版，第195页。

了涉案企业的团体性利益。一般情况下,如果违法犯罪活动的利益归属于涉案企业中个别成员所有,即使是涉案企业组织实施的违法犯罪活动,也不能体现出利益归属的团体性。因此,适用刑事合规不起诉制度的案件中,应当体现出为企业谋取利益或者为企业全部或者多数人员谋取利益。

由于自然人以企业名义所实施的犯罪行为已脱离了企业整体意志的范围,不属于企业意志支配下的企业行为,理所当然会被否定其主体人格。

(四)造成国家或者集体重大经济损失

从《刑法》的规定来看,如果从字面意思上理解,"重大经济损失"的范围包括公共财产遭受重大损失、国家财产遭受重大损失和人民财产遭受重大损失。根据司法解释的精神,经济损失是指违法犯罪或者与违法犯罪相关联的犯罪立案时已经实际造成的财产损失,包括为挽回违法犯罪所造成损失而支付的各种开支、费用等。

对于"重大经济损失",《刑法》中通常指的是行为人的行为使得被害人丧失了某种财产上的权利或权益,且这种财产上的权利或权益是大且重要的,其关键在于"重大"和"损失"这两个词。对于"重大"一词,其程度不是一成不变的,而是根据案情的不同而不同,且随着社会经济发展水平、人们对该种损失的可接受程度的不同而不同,需要具体问题具体分析。

通过查看现有关于“重大经济损失”的司法解释会发现，就“损失”这一概念，公安机关、司法机关用了许多不同的表达。就法律规定而言，运用了“直接经济损失”“间接经济损失”“非法获利数额”“违法所得数额”“经济损失”“公私财产损失”等多个概念。从语义上来说，上述概念区分如下：第一，公私财产损失与经济损失的概念基本相同；第二，直接经济损失与间接经济损失是并列关系，而经济损失包括此二者；第三，非法获利数额与违法所得数额更多的是从行为人视角出发进行界定的，强调的是行为人非法所得，与损失并不等同。

具体而言，“损失”侧重表达的是不可追回性，一旦丧失则难以追回，比如行为人公开了他人的商业秘密，即使最后拿回该商业秘密但也因其公之于众而减损了其价值；而“数额”则无此意，如果行为人通过非法手段拿走他人财物，事后予以归还，虽然侵犯了他人的财产权，但是并未给他人造成财产上的损失。因此，“数额”是指能够通过一定的形式量化而体现其犯罪对象的经济价值的描述；而“损失”是对已经丧失的经济价值的描述。由于损失与数额本质上并不相同，因此“经济损失”并不等同于非法获利数额与违法所得数额。

另外，虽然经济损失包括直接经济损失和间接经济损失，但是在认定间接经济损失时需要注意，“重大经济损失”仅包括部分经济损失。间接经济损失理论上包括可得利益损失和必要挽回费用两部分。其中可得利益损失具有不确定性、主观性,与行为人违法行为之间是否具有因果关系不明确,不应该将其包含在“重大经济损失”之内;而必要挽回费用是被害人为挽回行为人造成损失而支付的费用,具有客观性,与行为人违法行为之间的因果关系较为直接和紧密。因此,关于“重大损失”中的间接经济损失的范围,只包括能证明是为挽回损失所花费的必要开支。

(五)造成恶劣社会影响

根据《关于建立涉案企业合规第三方监督评估机制的指导意见(试行)》的规定,涉嫌危害国家安全犯罪、恐怖活动犯罪的,不适用刑事合规不起诉制度。具有严重社会危害性、社会影响极其恶劣的犯罪案件也无法适用合规不起诉制度。

恶劣社会影响有时候能显现,有时候却因为各种原因未能显现或者未能及时显现。显现的社会影响相对较容易认定,比如引起群众游行、示威或者群体性上访,产生不稳定因素致使群众内心不安等。未明显引起实质性的动荡,并不意味着没有社会影响。此时的关键应该看案件本身是否能够引发恶劣的社会影响,只要是能够引发恶劣的社会影响,因为各种原因未能显现出来的,就需要根据实际情况具体问题具体分析。

例如,最高人民检察院发布的第二十五批指导性案例中,第96号“黄某某等人重大责任事故、谎报安全事故案”中,福建A石油化工实业有限公司原法定代表人兼执行董事黄某某等人合谋并串通他人瞒报碳九的泄漏数量，致使福建 A 石油化工实业有限公司未能采取最高级别的一级响应（溢油量 50 吨以上），而只是采取最低级别的三级响应（溢油量 10 吨以下）。按照规定，一级响应需要全公司和社会力量参与应急，三级响应则仅需运行部门和协议单位参与应急。黄某某等人的谎报行为贻误了事故救援时机，导致造成了恶劣的社会影响。经泉州市生态环境局委托，生态环境部华南环境科学研究所作出技术评估报告，认定该起事故泄漏的碳九是一种组分复杂的混合物，其中含量最高的双环戊二烯为低毒化学品，长期接触会刺激眼睛、皮肤、呼吸道及消化道系统，与明火、高热或与氧化剂接触，有引起燃烧、爆炸的危险。本次事故泄漏的碳九对海水水质的影响天数为 25 天，对海洋沉积物及潮间带泥滩的影响天数为 100 天，对海洋生物质量的影响天数为 51 天，对海洋生态影响的最长时间以潮间带残留污染物全部挥发计，约 100 天。

实践中，有时因执法机关及时纠正，使恶劣的社会影响没有显现或者得到了有效控制而没有在更大范围内显现，对于此种情况，虽然社会影响并未实际发生，也有可能被认定为存在恶劣的社会影响。

第二节　刑事合规不起诉适用的其他有利条件

由于对涉案企业无法像对自然人一样从性格、人际等方面考察，在司法实践中，通过最高人民检察院及试点地方检察院公布的典型案例来看，在选择涉案企业合规适用对象时，企业是否积极采取补救措施，以及企业经营状况、社会公共利益等社会影响方面常常被作为考量因素。因此，侵犯的法益是否修复所体现的企业再犯可能性（可以挽救），以及企业所作出的社会贡献所体现的企业合规价值（值得挽救）都是适用合规不起诉的重要考量因素。

一、法益修复条件

近年来，法益修复理念在企业犯罪领域备受关注，其强调对涉案企业进行系统的合规整改，以此来修复受损的市场秩序、弥补受到侵害的社会法益。[①] 对于涉案企业，检察机关将退赃退赔作为附条件不起诉的依据。根据刑事和解的精神，涉案企业要想获得从轻、减轻处理，必须采取积极的补救措施以修

① 参见陈卫东：《从实体到程序：刑事合规与企业"非罪化"治理》，载《中国刑事法杂志》2021 年第 2 期。

复受损法益。因此，我国的合规不起诉制度将涉案企业所采取的补救措施作为合规考察的重要内容，明确将法益修复作为对涉案企业适用合规不起诉制度的重要条件，给企业施加压力，有利于企业承担社会责任，修复受损的社会关系，也有利于企业的持续发展和社会形象。

在法益修复条件的考察中，主要从企业违法行为是否已经全部停止、是否自查自纠、是否积极退赃挽损等方面进行考量。

（一）法益具有可修复性

对犯罪行为的惩罚是一项回顾过去的行为，而法益修复的过程则是基于过去、致力于未来。要实现“法益修复”的效果，犯罪行为所侵犯的法益必须具有可修复性。也就是说，只有被侵害法益能够通过涉案企业既遂后的行为得以恢复的前提下，该行为才能被称为法益修复行为，此时才能适用合规不起诉制度出罪。

《刑法》所保护的法益包括个人法益、社会法益和国家法益。个人法益主要包括人身法益和财产法益。

人身法益通常不具有可修复性。原因在于对于侵害生命法益的犯罪不存在法益恢复的可能。对于他人身体健康的犯罪，侵害的是人体组织的完整性和器官功能的正常性，此种情形也不具有法益修复的可能性。对于造成可以通过医疗途径得以治愈的肢体损害，由于受损部位必然会一定程度上留下永久性损害，且损害所造成的心理创伤也难以弥补，依然不具有法益修复的可能性。对于人身自由的犯罪，失去的自由不会因为停止侵害而恢复，也不存在法益修复的可能性。

财产法益通常具有可修复性。财产法益可以分为有形财产法益和无形财产法益。有形财产通常表现为实物或金钱，可以通过具体数字计量后用相应的实物或金钱补偿，属于典型的可修复性法益。无形财产，如知识产权等，通过专业评估量化其价值，也具有可计量性和可补偿性的特点，因此属于可修复性法益。

社会法益在多数情况下也具有可修复性。针对社会法益的犯罪大致可以划分为危害公共安全罪、破坏市场经济秩序罪和妨害社会管理秩序罪三大类。这其中包含着大量危险犯的规定。危险犯对法益造成了一定的威胁但还没有形成现实的危害结果。因此，法益受到了威胁但并未遭受破坏，只要行为人实施此类犯罪后还没有发生刑法规定的现实危害结果，行为人完全有机会主动采取措施以防止现实危害结果的发生，使公共安全和社会秩序恢复到正常状态。

国家法益在一些情况下也具有可修复性。针对国家法益的犯罪主要是指贪污贿赂犯罪，可以通过考察司法解释的态度来探究其可修复性。最高人民法院、最高人民检察院颁布的《关于办理职务犯罪案件认定自首、立功等量刑情节若干问题的意见》中明确规定，要将主动退赃与办案机关依职权追赃的情形区别对待，这要求法官在量刑时对法益修复行为要做“特殊”对待。因此，就司法解释的态度而言，侵犯国家法益的犯罪也存在法益修复的可能性。

（二）违法行为已全部停止、犯罪成因已自查确定

涉案企业在实施违法行为后，如果能停止全部违法行为，说清涉案事实、还原涉案经过、剖析决策过程、分析根本原因，识别合规风险，足以证明涉案企业具有诚挚悔悟的态度和犯罪意志削减的主观表现，涉案行为的社会危害性降低，因此刑罚的必要性降低。

当涉案企业积极停止违法行为、自查犯罪成因时，其在主观上已经从“恶”向“善”，这种转变充分体现出对前违法行为的自我否定，表现出涉案企业对法益修复行为的主动性以及真诚悔罪态度。

事实上，刑法的目的是保护法益，比起惩罚，挽救犯罪行为的损失或者停止犯罪行为更为必要。刑事合规不起诉制度便是对企业主动修复法益的一种“激励”，即可以通过自身的悔罪行为换取出罪化的处理。由于经济效率也是法律所追求的目标和评价的标准，立法、执法、司法都应当有利于社会财富的增值。因此，比起犯罪行为既遂后对于行为人的惩罚，我国《刑法》更倾向于对行为人施以从宽的刑罚以换取对社会和被害人最少的法益损害。

(三)涉案企业及时恢复受损法益

涉案企业事后主动恢复法益从而消除犯罪影响、减轻犯罪损失,表明其客观违法性的处罚必要性降低。法益修复仅有行为人的主观态度是不够的,还应当对法益修复的具体行为有所列举,让法益恢复理论在实务中具有可操作性。

法益恢复的具体行为方式包括但不限于实物返还、金钱赔偿、恢复原状。例如,在涉及环境资源犯罪中的非法捕捞水产品罪、盗伐林木罪中,行为人破坏了环境资源,在这种情况下,最好的方法就是尽力恢复原状,通过投放鱼苗、种植苗木等方式对受损法益进行恢复。

实务中,积极赔偿被害人的损失、恢复被犯罪行为破坏的环境、积极补缴偷逃税款等,都是法益恢复的常见方式。事实上,恢复行为的尽早实施更有利于法益的恢复。

(四)受损法益已有效恢复

受损法益恢复的有效性是指涉案企业通过恢复行为将已经发生的危害结果或危险状态恢复到实施违法行为之前的状态。受损法益恢复的有效性可以从三个方面进行判断:第一是涉案企业的恢复行为;第二是法益的恢复程度;第三是法益恢复与涉案企业恢复行为之间的因果关系。

根据客观违法性理论,法益被侵害是犯罪行为具有违法性的基础，而涉案企业的恢复行为在客观上使受损法益得到恢复，从而消除先前违法行为的实质违法性，使先前的违法行为所造成的社会危害得到一定程度的消解和弥补，此时其客观违法性处罚依据已不复存在，因此，刑法上可以对其进行从宽处理，适用合规不起诉制度。

从报应刑论的角度来看，涉案企业虽然有之前的犯罪行为，但事后及时悔罪并主动全面配合恢复了法益，行为的社会危害性降低，对于其报应和惩罚应当降低，甚至趋近于无。

二、社会贡献条件

企业作出的社会贡献能够体现出企业的合规价值，也是合规不起诉制度适用时的重要考量因素。在社会贡献条件的考察中，主要从企业是否是重要纳税企业、是否属于高精尖企业、是否提供大量就业机会，以及是否具有带动当地经济发展的重要作用等方面进行考量。

（一）涉案企业具有发展前景

企业占据的市场份额较大，能够有效带动区域发展。如果涉罪企业其产品或服务涉及基础建设、公共服务、民生服务等关键领域，并占据重要市场份额，或者有上市计划等，亦可以适用合规不起诉制度。如在最高人民检察院公布的典型案例王某某、林某某、刘某乙对非国家工作人员行贿案中，涉案企业属于深圳市南山区拟上市的重点企业，该公司在专业音响领域处于国内领先地位，已经在开展上市前辅导。又如，在《涉案企业合规典型案例（第三批）》案例一“上海Z公司、陈某某等人非法获取计算机信息系统数据案”中，涉案企业系一家为本地商户提供数字化转型服务的互联网大数据公司，并已帮助2万余家商户完成数字化转型，被不起诉人陈某某、汤某某等人分别系涉案企业的首席技术官、核心技术人员。再如，在《涉案企业合规典型案例（第四批）》案例一“北京李某某等9人保险诈骗案”中，涉案企业是一家多元化、跨区域经营的投资控股集团，其旗下的Q公司、Y公司均获得汽车流通协会认可的百强经销商称号，具有较好的发展前景和较大的社会贡献。

（二）涉案企业对当地纳税或吸纳就业作出贡献

如果涉罪企业对当地纳税或吸纳就业作出贡献，亦可作为适用合规不起诉制度的有利条件。例如，在《企业合规典型案例（第一批）》案例四“新泰市J公司等建筑企业串通投标系列案件”中，涉案企业常年承接全市重点工程项目，年创税收达到1000万元以上，在繁荣地方经济、城乡建设、劳动力就业等方面作出了突出贡献，如作出起诉决定，涉案企业3年内将无法参加任何招投标工程，并被列入银行贷款“黑名单”，这将对企业发展、劳动力就业和全市经济社会稳定造成一定影响。又如，在《企业合规典型案例(第二批)》案例四“随州市Z公司、康某某等人重大责任事故案”中,涉案企业系外资在华企业,是当地引进的重点企业,每年依法纳税,并解决2500余人的就业问题,对当地经济助力很大。再如,在《企业合规典型案例(第二批)》案例一“上海J公司、朱某某假冒注册商标案”中,涉案企业以生产智能家居电器为主,公司有员工2000余人,年纳税总额1亿余元,属于当地重点纳税企业。

(三)涉案企业是高精尖企业

该项条件主要考察企业的行业影响力大小,是否在技术革新方面有重要成果,以及是否属于高新技术企业。如在《企业合规典型案例(第一批)》案例一“张家港市L公司、张某甲等人污染环境案”中,涉案企业系省级高科技民营企业,拥有专利20余件,部分产品突破国外垄断,如果公司及其主要经营管理人员被判刑,对国内相关技术领域将造成较大影响。又如,在《企业合规典型案例(第一批)》案例二“上海市A公司、B公司、关某某虚开增值税专用发票案”中,涉案企业系我国某技术领域的领军企业、上海市高新技术企业,科技实力雄厚,对地方经济发展有着很大贡献。再如,在《涉案企业合规典型案例(第三批)》案例二“王某某泄露内幕信息、金某某内幕交易案”中,涉案企业K公司长期从事汽车电子产品研发制造,连续多年获得国家火炬计划重点高新技术企业称号,创设国家级驰名商标,取得700余项专利及软件著作权,2018年开始打造占地30万平方米,可容纳300余家企业的产业园,已被认定为国家级科技企业孵化器,王某某长期负责战略规划、投融资等工作,因其羁押已造成多个投融资和招商项目搁浅,导致涉10亿元投资的产业园项目停滞,鉴于K公司上述情形,且具有合规建设意愿,检察机关决定启动企业合规工作。

(四)涉案企业积极参加公益活动

涉案企业积极参加公益活动,热心公益事业,在国家有困难的时候或疫情期间带头捐款捐物,积极履行社会责任,这种情况下,反哺社会的涉罪企业、企业涉案相关行为人即符合适用企业合规考察的对象条件。如在《企业合规典型案例(第二批)》案例三"山东沂南县Y公司、姚某明等人串通投标案"中,涉案企业在沂南县、沂水县空调销售市场占据较大份额,疫情期间带头捐款捐物,综合考虑企业社会贡献度、发展前景、社会综合评价、企业负责人一贯表现等情况,决定对该案适用企业合规试点工作。又如在《涉案企业合规典型案例(第四批)》案例四"安徽C公司、蔡某某等人滥伐林木、非法占用农用地案"中,涉案企业自成立以来,为当地提供300余个就业岗位和创业机会,并主动承担当地350户村民自来水费,积极参与抗洪抢险、疫情防控等公益活动,检察机关综合考虑涉案企业的案发原因、合规整改意愿、社会贡献度、发展前景后决定启动涉案企业合规整改。

第三节　刑事合规不起诉适用的争议条件

一、关于适用案件类型的争议

根据最高人民检察院下发的《关于建立涉案企业合规第三方监督评估机制的指导意见(试行)》以及合规考察案例可以看出,除了危害国家安全以及恐怖主义犯罪外,刑事合规不起诉、从宽制度并没有适用罪名的限制。实践中,对于合规不起诉制度到底适用哪些类型的案件,存在以下争议:

(一)是否只适用于破坏社会主义市场经济秩序犯罪

《关于建立涉案企业合规第三方监督评估机制的指导意见(试行)》第3条指出,第三方监督评估机制适用于公司、企业等市场主体在生产经营活动中涉及的经济犯罪、职务犯罪等案件。因此,判断是否属于能够适用合规不起诉的案件类型,其衡量标准不是看罪名是否属于经济犯罪或职务犯罪,而是看企业的违法行为是否与企业的生产经营活动相关。合规整改的主要目的是让企业有效应对由刑事追诉所引发的企业危机,通过合规整改来获得最大限度地刑事激励。[①]

通过现有案例分析，最高人民检察院公布的四批涉案企业合规典型案例中，涉及的罪名分别为：《刑法》第三章“破坏社会主义市场经济秩序罪”中的走私普通货物、物品罪，妨害对公司、企业的管理秩序罪，对非国家工作人员行贿罪，内幕交易罪，保险诈骗罪，虚开增值税专用发票罪，假冒注册商标罪，销售假冒注册商标的商品罪，串通投标罪，提供虚假证明文件罪；《刑法》第六章“妨害社会管理秩序罪”中的非法获取计算机信息系统数据罪，帮助信息网络犯罪活动罪，掩饰、隐瞒犯罪所得罪，污染环境罪，非法采矿罪，滥伐林木罪，非法占用农用地罪；《刑法》第二章“危害公共安全罪”中的重大责任事故罪；《刑法》第五章“侵犯财产罪”中的诈骗罪。

（二）是否只适用于单位犯罪

《关于建立涉案企业合规第三方监督评估机制的指导意见（试行）》第 3 条指出，第三方监督评估机制适用的案件，既包括公司、企业等实施的单位犯罪案件，也包括公司、企业实际控制人，经营管理人员，关键技术人员等实施的与生产经营活动密切相关的犯罪案件。

有观点认为，刑事合规不起诉制度仅适用于法条明文规定

① 参见陈瑞华：《有效合规管理的两种模式》，载《法制与社会发展》2022 年第 1 期。

的单位犯罪,因为只有单位涉及犯罪,才能通过企业合规体现对单位犯罪的特殊预防,进而对单位负责人、管理人等自然人从轻处罚。笔者不同意这种观点,理由如下:

首先,从理论上分析,如果企业负责人、直接责任人实施的是与企业生产经营活动密切相关的非单位犯罪,其犯罪与公司制度、文化的缺陷和漏洞密不可分。对于此类涉企案件进行合规不起诉处理,能够降低对公司人员进行特殊预防所需要的程度,同时也有利于促进企业的健康发展,这不违背责任主义,符合企业刑事合规制度设立的初衷。

其次,从现实需要上分析,我国现行刑法中设置单位犯罪的罪名仅占全部罪名的 30% 左右,且在司法实践中,我国法院所判处的单位犯罪,仅占同期刑事判决的极小比例,单位犯罪案件覆盖范围较窄,不足以适应刑事合规不起诉制度的应用。

最后,从最高人民检察院发布的四批涉案企业合规典型案例中可见,涉案企业合规不限于单位犯罪案件。比如,在《涉案企业合规典型案例(第四批)》案例三“山西新绛南某某等人诈骗案”中,案件涉嫌诈骗罪,并非单位犯罪,但是,办案机关认为 3 名犯罪嫌疑人实施的骗取工伤保险基金的行为,属于公司企业的经营管理人员实施的与生产经营活动密切相关的犯罪,可以适用合规考察程序。对于涉案企业涉及刑法分则中未规定为单位犯罪的罪名,只要符合涉案企业合规改革试点文件规定的“与生产经营活动密切相关”的条件,就可以纳入合规改革试点的案件范围。因此,从这个意义上讲,适用涉案企业合规制度并不限于单位犯罪案件。

二、关于重罪能否适用的争议

根据域外企业合规的实践经验,适用企业合规制度不受罪行轻重的限制,我国现有法律或司法解释文件中,没有明确规定刑事合规不起诉制度的适用是否区分轻重罪。但是在2020年刑事合规不起诉的首轮试点工作中,检察机关大多将刑事合规不起诉的案件适用范围设定在法定刑为3年以下有期徒刑的轻罪。我国《刑事诉讼法》也规定,只有对犯罪情节轻微的案件,检察机关才能作出相对不起诉决定,所以在企业合规制度适用的初期,将法定刑为3年以下有期徒刑的犯罪作为合规不起诉制度的案件适用范围能够得到理论界和实务界的广泛认同。

司法实践中,由于社会经济的发展,涉企案件一旦涉嫌贿赂、欺诈等商业犯罪,一般都有较高的涉案金额,显然不都属于“轻微刑事案件”,如果将合规不起诉制度的适用范围设定在法定刑为3年以下有期徒刑的案件,显然适用范围过窄,实务中,目前也出现一些适用刑事合规不起诉制度的重罪案例,因此,我们认为重罪也是可以适用刑事合规不起诉制度的。

(一)理论上的支持

从理论上来说,刑事合规不起诉制度不仅适用于轻微刑事案件,重罪中也存在刑事合规的必要和可能。涉企轻微刑事案件原本就可以通过认罪认罚从宽制度、相对不起诉制度处理,通过企业刑事合规制度对涉重罪的企业或者自然人做相对不起诉处理,更能体现该制度设立的必要性和特有价值。

刑事合规不起诉制度具有激励性和惩罚性双重属性,如果只将适用对象限制在轻罪范围内:一方面,会造成刑事激励不足,企业合规热情不高、动力不足的局面;另一方面,企业合规具有一定的负担性、惩罚性,既然企业本身犯罪情节轻微,符合相对不起诉的条件,再要求企业大费周章、耗时耗力通过合规来换取不起诉,该制度则会存在为企业加码、额外附加条件的质疑。

在现代法治语境下,罪刑均衡早已不再单纯追求"以恶制恶"的报应刑效果,而在报应刑与预防刑之间选择折中调和,因此在不用惩罚就能预防犯罪的情况下,可以采取更宽容的手段。对情节轻微的企业犯罪案件,可以发挥检察建议的社会治理功能,给企业提出合规整改计划并要求其落实,并根据认罪悔罪、犯罪情节、危害后果、受行政处罚等情况,适用酌定不起诉制度;将情节更为严重的案件纳入企业刑事合规的范畴,运用合规考察期和合规监管人等配套制度,审慎把握对涉案企业刑事合规的具体考察评估。

实际上,是否应对涉案企业适用合规不起诉制度,检察机关考量的重点,应当是起诉是否会给社会带来一定的负效应。[①]因此,判断涉案企业是否可以适用合规不起诉,应对企业起诉与否所带来的社会效果与法律效果充分衡量。若起诉涉案企业可能为社会带来严重负面效应,而适用合规不起诉更有利于企业发展、人口就业、经济稳定,且采用相应整改以及惩治措施又能使得刑法威慑力不致削弱,在实现良好社会效果的同时又可以保障办案法律效果,则可以对涉重罪企业适用合规不起诉制度。

(二)现实中的需要

对重罪免责的巨大刑罚激励对企业合规整改有着巨大的内驱动力,而一些重大案件牵涉面广,影响人员多,社会关注高,对其适用合规不起诉制度更能起到示范作用。

首先,随着互联网以及大数据的不断发展,企业犯罪形式和种类层出不穷,且涉嫌重罪的单位犯罪数量不在少数。市场经济繁荣发展的同时,企业已经成为关键的市场参与者,其商业活动对于市场经济体系的影响也越来越大,尤其是那些涉嫌重罪的公司对市场经济体系的影响更是不容忽视。

---

① 参见陈学权、陶朗道:《企业犯罪司法轻缓化背景下我国刑事司法之应对》,载《政法论丛》2021 年第 2 期。

其次，企业一旦被追究刑事责任，其正常经营极有可能被影响，加之很多企业的内部治理与风险预防机制并不完善，一旦涉嫌重罪，有可能要承担较为严重的刑事责任，从而丧失经营资格，走向破产倒闭。而合规不起诉制度引进后的重要功能之一，便是激励企业完善内部治理体系与风险防控体系，这样就可以避免一些有益于我国社会经济发展和具有重大公益价值的企业因法定刑过重而无法使用企业合规制度之后走向衰败。

最后，有些涉案企业其社会影响度高，对其进行合规整改，对于全社会的示范作用更为明显。并且，其他有潜在违法犯罪可能的企业可以从这些成功案例中吸取教训，帮助其预防企业犯罪风险，以获得更好的社会效益。

（三）司法实践中的情况

虽然在目前的合规改革工作中，刑事合规不起诉制度更多适用于企业涉嫌轻罪的情况，但是涉案企业涉嫌重罪适用合规相关法规的案例也是存在的。

在辽宁省人民检察院等机关制定的《关于建立涉罪企业合规考察制度的意见》中，将合规不起诉的范围扩大到涉企犯罪人员可能被判处3年以上10年以下有期徒刑的单位犯罪；深圳市南山区人民检察院制定的《企业犯罪相对不起诉适用机制试行办法》也规定，在对可能被判处3～10年有期徒刑的企业犯罪中的犯罪嫌疑人提起公诉的同时,可对通过合规考察的涉罪企业作出不起诉决定。

在最高人民检察院发布的《涉案企业合规典型案例(第三批)》案例二“王某某泄露内幕信息、金某某内幕交易案”中,被告人王某某泄露内幕信息致使金某某从事与该内幕信息有关的证券交易成交额为 411 万余元,应认定为《刑法》第 180 条规定的“情节特别严重”,即可能被判处 5 年以上有期徒刑。在《涉案企业合规典型案例(第四批)》案例三“山西新绛南某某等人诈骗案”中,被告人南某某骗取工伤保险赔偿款 26 万余元,应认定为《刑法》第 266 条规定的“数额巨大”,即可能被判处 3 年以上 10 年以下有期徒刑。以上案件,均适用了刑事合规不起诉制度。

因此,无论是从我国政策导向还是从试点情况来看,重罪案件均未被排除在适用对象之外。刑事合规不起诉制度适用于企业重罪案件具有深入研究和进一步探索的空间。

第四节　如何发掘和促成刑事合规不起诉的适用条件

本章前面部分详细阐述了刑事合规不起诉适用的法定条件、其他有利条件及争议条件,在司法实务中,如何发掘条件并促成刑事合规不起诉的适用是一大难题。律师特别是刑事律师可以协助企业识别、发掘、整合刑事合规不起诉适用的相关条件,同时通过与企业、检察机关等各方的沟通积极促进刑事合规的启动。

一、树立合规辩护新思路

刑事合规不起诉无论是对于涉案企业还是对于刑事律师来说,均具有重要意义。刑事合规不起诉制度建立的目的是服务保障经济社会高质量发展,推进国家治理体系和治理能力现代化。刑事合规不起诉制度的出发点是为了平等保护国有、民营、外资等各种所有制企业的合法权益,这与最高人民检察院一直强调的"少捕慎诉慎押"是相符合的。合规不起诉改革被认为有利于社会公共利益和市场经济发展,所以得到了社会各界的广泛认可和普遍支持。

对于涉案企业来说,获得不起诉的处理意味着该企业不必因其违法犯罪行为而被迫终止运营或破产,刑事合规不起诉制度能够为企业运营创造一定的激励机制,促进企业合规体系的建立与落实,为企业后续的合规经营打下坚实的基础。对于刑事律师来说,当其接受委托办理企业或企业负责人涉嫌刑事犯罪的案件时,应当优先把刑事合规不起诉作为其辩护思路。在刑事辩护中,律师可以运用合规方式,为企业、企业家以及高管寻求正当利益的最大化,将刑辩思维和企业合规法律服务一体化，通过合规整改达到刑事辩护的目的。实务中，应当把合规作为和自首、立功、刑事和解、认罪认罚等一样的辩护情节，纳入刑辩工作中，成为律师有利的辩护策略。

律师在辩护过程中，应当将刑事合规不起诉的辩护思路深深地根植在大脑中，一旦遇到涉案企业或企业高管在生产经营当中涉嫌刑事犯罪，就要第一时间进行分析、判断，看案件是否符合刑事合规不起诉适用的法定条件，是否还有可以发掘的其他有利条件，当存在争议时，通过不断沟通去说服办案机关同意适用刑事合规不起诉，启动合规整改。实务中，律师应对办案机关正在查办的涉案罪名及相关事实进行梳理，出具相关法律分析报告，及时帮助办案机关甄别事实和正确适用法律，避免错误追究；同时协助企业梳理经营脉络，找出适用刑事合规不起诉的有利条件，如行业发展前景、社会贡献、公益活动参与情况等，刑事律师应当主动作为，运用刑事政策去尝试合规不起诉的新辩护思路。

二、发掘刑事合规不起诉的适用条件

由于能第一时间介入案件，特别是在审查起诉阶段，律师能够较早地查阅到案件卷宗，充分了解案发原因、案件情况等信息，因此，律师应当第一时间确定案件的基本辩护思路，对案件是否符合刑事合规不起诉的条件进行准确分析、判断。

(一)识别是否符合法定条件

首先,要看涉案企业、个人是否认罪认罚。认罪认罚作为合规不起诉的首要适用条件,要求涉案企业和个人如实交代犯罪事实,供述一致,认罪认罚。这就需要律师及时和企业及相关负责人进行沟通,把案件情况、刑事合规不起诉的相关法律规定及法律后果详细阐明。律师需要明确告知涉案企业,“认罪认罚”除了接受犯罪行为的刑罚后果外,还必须积极配合办案机关调查,同时展开内部自我调查,及时向办案机关移送相关的犯罪线索和证据,及时修复被违法行为破坏的法益,及时处罚企业内部的相关责任人。当企业或企业负责人明晰这些法律后果后,仍然自愿认罪认罚,此时这条法定条件就得以成就。

其次,要看涉案企业是否能够正常生产经营,是否具有合规能力。律师应当对这一法定条件进行综合分析和判断。律师通过合规整改使涉案企业达到不起诉的目的同时,还要帮助涉案企业发现问题、解决问题、杜绝问题,确保企业未来能够合规经营、平稳发展。因此,律师在接受涉案企业委托时,应当详细了解涉案企业的经营情况、基本案情、主要诉求,关注企业是否具有合规能力。在判断企业是否具有合规能力时,需关注以下内容:企业从事的必须是合法事项;企业的订单和销售能够维持合规项目的开支需要;企业资金来源有稳定保障,能够保证合规整改项目的基本质量与持续推进;企业主要负责人员的羁押不会对企业运营产生实质影响;等等。律师经过分析、判断后,认为企业能够有效实施合规计划,能够整改原有的刑事风险漏洞,建立有效的合规管理体系,并具有持续进行合规建设的能力,这就意味着,企业具备了刑事合规不起诉的相关法定条件。

再次,要看案件是否事实清楚,证据确实、充分。而这一点,必须通过刑事律师运用专业知识和刑事辩护经验进行识别和把控。刑事律师通过阅读卷宗、会见涉案人员,可以对案件是否事实清楚,证据确实、充分进行准确判断。适用合规不起诉制度绝不能动摇对"案件事实清楚,证据确实、充分"的证明标准,只有达到证明标准并符合适用合规不起诉制度其他条件的,才可以适用合规整改。如果未达到法定证明标准,即便涉案企业作出了自愿、合法的认罪认罚,也不能随意启动企业合规,如果继续对"事实不清、证据不足"的案件适用合规不起诉制度,无疑是认可了"疑罪从轻"的错误做法,违背了企业刑事合规制度的设计初衷。

最后,要看企业是否自愿适用企业合规且有未来持续合规经营的意愿。律师在做这一条件的分析和识别时,必须积极与涉案企业及相关负责人进行沟通,全面阐述刑事合规的法律规定及法律后果,既要告知涉案企业合规整改的可行性,也要披露合规建设中可能遇到的障碍与风险,还要告知企业合规的持续性。如果企业全面知悉之后,仍然在此基础上作出合规承诺,可以认定为自愿适用企业合规,此时企业应自愿向检察机关提交刑事合规建设的合规承诺书、合规计划书以及其他可以证明企业履行社会责任的证据材料,证明其有合规整改的基础、条件和能力。

(二)发掘其他有利条件

律师应协助企业去发掘能够体现可以挽救和值得挽救的相关有利条件,这些条件会大大促进刑事合规的启动。

我国的合规不起诉制度在法益修复条件的考察中,主要从企业违法行为是否已经全部停止、是否自查自纠、是否积极退赃挽损等方面进行考量。在社会贡献条件的考察中,主要从企业是否是重要纳税企业、是否属于高精尖企业、是否提供大量就业机会,以及是否具有带动当地经济发展的重要作用等方面进行考量。

围绕以上条件,律师应指导、协助企业去收集、整理、发掘、整合符合启动刑事合规整改的有利条件,重点关注以下内容:一是提交企业和相关责任人认罪认罚的材料;二是提交企业停止犯罪活动的证明材料,来证明企业已经停止那些容易导致犯罪的经营活动、业务工作和商业模式;三是提交企业配合刑事调查和合规整改的书面承诺;四是提交企业采取或者承诺采取补救挽损措施的证明材料,包括缴纳罚款、补缴税款、缴纳违法所得、赔偿被害人、采取修复措施等方面的证明材料；五是提交处理责任人员的证明材料，包括对犯罪负直接责任的人员采取免职、调离、开除或送交司法机关处理的证明材料；六是提交企业具有重大社会贡献的证明材料，包括行业发展前景、公益活动等；七是提交企业的内部调查报告，揭示发生犯罪行为的内生性结构原因。还需要特别强调的是，律师一定要提示企业确保相关资料的真实性和合法性。

（三）转变争议条件为适用条件

在实务中，关于刑事合规不起诉适用案件类型的争议，关于重罪是否适用的争议常常存在。笔者认为，除了危害国家安全以及恐怖主义犯罪外，只要符合涉案企业合规改革试点文件规定的“与生产经营活动密切相关”的条件，无论什么罪名，无论是否为单位犯罪，无论是否为轻罪，均可以纳入合规改革试点的案件范围。

因此，当案件出现相关争议问题，律师应运用法理和情理，说服办案机关同意启动合规整改，努力将争议条件中的“争议”消除，将“争议条件”转变为“适用条件”，此时就需要凸显律师的专业水平和辩护经验了。以案件存在重罪是否适用为例，当案件出现可能被判处 3 年以上刑期时，笔者认为，涉案企业是否可以适用合规不起诉，应从企业起诉与否所带来的社会效果与法律效果充分衡量。律师应积极与办案机关进行沟通，可以尝试从以下角度进行沟通：重大案件往往牵涉面广，影响人员多，社会关注高，对其适用合规不起诉制度往往更能起到示范作用，虽然涉案企业存在重大犯罪，但其社会影响、行业影响明显更高，对其进行合规整改，对于全社会的示范作用更为明显，并且，其他有潜在违法犯罪可能的企业也可以从中吸取教训，帮助其预防企业犯罪风险，获得更好的社会效益。

三、促成刑事合规不起诉的启动条件

当律师协助企业识别、发掘刑事合规不起诉的适用条件后，启动刑事合规不起诉的工作尤为重要。如何启动刑事合规不起诉程序呢？笔者认为这里面包含两部分重要的工作：一是律师与企业及办案机关的沟通工作；二是律师要为启动合规申请做好资料的全面收集和准备工作。

（一）做好沟通工作

1. 做好与涉案企业的沟通

当涉案企业符合合规整改条件时，律师应当及时和涉案企业沟通辩护思路，确定企业启动合规整改的真实意愿。此时，律师应详细分析案件情况、辩护思路、法律规定，向企业讲明启动合规整改的必要性以及合规整改的具体工作内容，同时要明确提醒涉案企业,合规整改一旦启动,应当是“真合规”而非流于形式的“纸面合规”。

实务中,有些企业认为刑事合规不起诉只是用来取得案件从宽处理的方法和手段,一旦企业真正地开始启动合规整改,企业又会对“揭开伤疤视人”存在强烈的抵触情绪。因此,律师在与企业沟通的过程中,应当帮助企业负责人树立合规意识,提高对合规整改工作的重视程度。事实上,企业家的合规意识对启动合规整改以及后续的合规整改工作的推进都起着决定性的作用。律师为涉案企业提供合规服务,很重要的一点,就是要帮助企业负责人树立合规意识。另外,律师还应明确告知企业,建立合规管理体系不是企业合规管理的终点,树立合规意识,养成合规习惯,并最终在企业内积淀起合规文化才是终极目标。合规整改一旦启动,律师将通过参与企业合规管理体系构建的全过程,为企业搭建合规管理组织架构,制定覆盖全体员工的行为准则,建立并完善适合企业实际的合规管理制度,提供形式多样且有针对性的合规培训与指导,将合规理念和义务渗透并融入企业运营的各个环节,而这些工作最后也必然会为企业建立起最坚实稳固的合规风险防线。

当律师与企业沟通了这些重点事项之后,涉案企业才会明晰合规整改的具体工作内容以及相关法律后果,此时,企业才会表现出合规整改的真实意愿,这也将会为启动合规整改及后续的合规整改工作顺利进行做好充分的准备。

2. 做好与检察机关的沟通

启动合规整改之前，与检察机关的沟通工作特别重要，律师应当高度重视。在与检察机关沟通启动合规整改时，应当是书面沟通与当面沟通相结合，主要包含以下两方面的工作：

一方面，要准备好全面、充分的书面申请材料。启动合规整改的书面申请材料，应当重点体现合规整改的必要性和可行性，要结合具体案情，详细阐述应当启动的理由；让检察机关通过阅读申请材料，在认可案件在法律上符合启动合规整改条件的同时，还能充分感受到涉案企业、自然人诚恳的悔改态度和强烈的合规整改意愿，从而增强合规整改申请被批准的可能性。

另一方面，律师要特别重视、尽力争取与承办检察官当面沟通的机会。在当面沟通的过程中，律师应当突出重点，在阐述书面申请材料的重点内容的基础上，综合介绍案件的相关信息（包括背景信息、社会影响、行业发展前景等），结合案件的事实、证据，综合运用法律规定和司法政策，提出启动合规整改的必要性。对于一些刑事合规不起诉适格主体问题存在争议的案件，律师应当结合案件事实和证据，结合当前司法政策的导向性，与检察机关多沟通、多争取，尽力说服检察机关批准启动合规整改的申请。

(二)全面收集资料,做好充分准备

通常,检察机关同意启动合规整改程序,需要满足以下基本条件:一是基础性条件,也就是涉案企业提出申请的形式要件,包括认罪认罚或者承认相关犯罪事实,提出适用合规考察程序的申请,积极配合刑事调查和合规整改工作,停止犯罪活动等;二是补救性条件,即涉案企业采取或者承诺采取相关的补救挽损措施,修复那些为犯罪行为所破坏的法益,明显减少犯罪所造成的社会危害后果,具体措施包括缴纳罚款、补缴税款、缴纳违法所得、赔偿被害人、修复为犯罪所破坏的环境资源等;三是公共利益条件,通常是涉案企业具有重大社会贡献,以往不存在系统性犯罪活动,对企业起诉可能会损害国家利益和社会公共利益等;四是合规准备条件,一般是涉案企业为进行有效合规整改所采取的预备性措施,包括提交企业内部调查报告或自查报告,准确揭示造成犯罪发生的内生性结构原因,提交有效的专项合规整改计划,包括有针对性的制度纠错措施和体系化的专项合规计划。

为达到顺利启动合规整改的目的,律师应协助企业围绕以上条件做好充分的准备,全面收集相关资料。比如,整理涉案企业注册登记情况、员工人数、经营状况、纳税贡献、发展前景等基本资料。此外,律师还应协助涉案企业整理其目前的营业状况、正在承担或实施的重大商业项目等证明材料。如果涉案企业加入了地方工商联、商会、行业协会等组织，可协助涉案企业向上述组织发出申请，请求他们就涉案企业的行业地位、科研力量、承担社会责任等出具情况说明予以佐证。此外，律师还可协助涉案企业梳理公司治理结构缺陷、管理漏洞等。

事实上，律师协助涉案企业申请启动合规整改需要大量的材料支撑，当全面收集资料，做好充分准备之后，再行提交启动合规整改的申请，无疑会大大增强申请合规整改被批准的可能性。

毋庸置疑，刑事案件适用合规不起诉、启动合规整改不是一项简单的工作，需要律师特别是刑事律师运用智慧和经验来争取和推进，刑事律师熟练掌握刑事法律法规，深谙刑事法律适用的规则，拥有深厚的刑事辩护经验和敏锐的风险预判能力，这些来自实务的丰富经验，让刑事律师在分析判断涉案企业是否符合刑事合规不起诉的适用条件以及与各方沟通启动合规整改方面，具有天然的优势，发挥着不可或缺的重要作用。

第三章　刑事合规不起诉的申请与启动

第一节　刑事合规不起诉的申请主体

一、涉案企业、个人抑或辩护人等

根据最高人民检察院《关于开展企业合规改革试点工作方案》,“开展企业合规改革试点工作,是指检察机关对于办理的涉企刑事案件,在依法作出不批准逮捕、不起诉决定或者根据认罪认罚从宽制度提出轻缓量刑建议等的同时,针对企业涉嫌具体犯罪,结合办案实际,督促涉案企业作出合规承诺并积极整改落实,促进企业合规守法经营,减少和预防企业犯罪,实现司法办案政治效果、法律效果、社会效果的有机统一”①。但在试点之初,相

① 《最高检下发工作方案推进企业合规改革试点纵深发展》,载12309中国检察网,https://www.12309.gov.cn/llzw/jcyksjb/202104/t20210409_515290.shtml。

关规范性法律文件并未明确申请主体的具体范围,实践中的做法也不甚相同。

2021 年 6 月 3 日,最高人民检察院等九部门发布的《关于建立涉案企业合规第三方监督评估机制的指导意见(试行)》第 10 条规定:“……涉案企业、个人及其辩护人、诉讼代理人或者其他相关单位、人员提出适用企业合规试点以及第三方机制申请的,人民检察院应当依法受理并进行审查。”2022 年 1 月 4 日,最高人民检察院等九部门发布的《第三方监督评估机制实施细则》第 20 条再次对申请主体的范围作出了明确规定,即“涉案企业、人员及其辩护人、诉讼代理人以及其他相关单位、人员提出适用企业合规试点以及第三方机制申请的,人民检察院应当依法受理并进行审查。经审查认为符合适用条件的,应当商请本地区第三方机制管委会启动第三方机制”。因此,根据上述规定,刑事合规不起诉的申请主体既包括涉案企业和个人,也包括辩护人、诉讼代理人以及其他相关单位和人员,可谓申请主体广泛。

就实操角度而言,笔者建议,刑事合规不起诉以涉案企业提出申请为前提和基础,以涉案个人和其他相关人员申请为重要补充,并尽量联合署名申请。涉案个人和涉案企业一并作为申请主体,有利于相关程序的操作和后续实质工作的推进。如果仅从规范意义上讲,向检察机关申请合规不起诉,并不必然需要以涉案企业直接负责的主管人员和其他直接责任人员或者犯罪嫌疑人的身份进行。但是,考虑到实践中大量涉案企业的法定代表人或实控人往往也直接涉案,并以犯罪嫌疑人的身份进入刑事诉讼,故无论是合规整改申请书、合规承诺书还是合规整改计划书,往往都需要经过其本人或者其授权代表签字确认,[①]故为了保证相关手续完备,同时最大限度体现涉案企业开展合规整改的意愿和决心,笔者建议涉案个人与涉案企业一并作为刑事合规不起诉的申请主体。建议将辩护律师一并作为申请主体的原因是辩护律师能第一时间介入案件,能够比较早地查阅案件卷宗,充分了解案发原因、涉案事实等合规不起诉启动的前提性、基础性信息,特别是对于涉案企业负责人处于羁押状态的案件,在审查起诉阶段,企业方面一般只能通过辩护律师才能开展相关的沟通、协调工作,如果辩护律师缺席合规不起诉,合规不起诉工作的开展将受到诸多影响和制约。那种认为辩护律师应当尽量回避合规启动或者整改的意见,既不利于合规试点工作的开展,也不利于涉案企业深挖犯罪原因,更不利于开展有针对性的、刮骨疗毒式的专项或全面合规整改工作。

此外,根据《关于建立涉案企业合规第三方监督评估机制

① 如《涉案企业合规建设、评估和审查办法(试行)》第6条规定:涉案企业实际控制人、主要负责人应当在专项合规计划中作出合规承诺并明确宣示,合规是企业的优先价值,对违规违法行为采取零容忍的态度,确保合规融入企业的发展目标、发展战略和管理体系。

的指导意见（试行）》第4条的规定，涉案企业、个人认罪认罚是适用合规不起诉的前提条件。因此，对于拟申请合规不起诉的案件，应由辩护律师提前做好沟通工作，尽早帮助犯罪嫌疑人了解合规不起诉的实施背景、基本条件、法律后果等，使犯罪嫌疑人从事实、证据、法律和政策多角度作出全面的评估和理性的选择，为其后续自愿认罪认罚并启动合规整改作好准备。

二、大型企业还是中小微企业

根据国家统计局《统计上大中小微型企业划分办法（2017）》，按照行业门类、大类、中类和组合类别，依据从业人员、营业收入、资产总额等指标或替代指标，在我国境内依法设立的各种组织形式的法人企业或单位统计上可划分为大型、中型、小型、微型四类，具体划分标准见表4。

表4　统计上大中小微企业划分办法（2017）

行业名称	指标名称	计量单位	大型	中型	小型	微型
农、林、牧、渔业	营业收入（Y）	万元	Y≥20,000	500≤Y<20,000	50≤Y<500	Y<50
工业＊	从业人员（X）	人	X≥1000	300≤X<1000	20≤X<300	X<20
	营业收入（Y）	万元	Y≥40,000	2000≤Y<40,000	300≤Y<2000	Y<300

续表

行业名称	指标名称	计量单位	大型	中型	小型	微型
建筑业	营业收入（Y）	万元	Y≥80, 000	6000≤Y<80, 000	300≤Y<6000	Y<300
	资产总额（Z）	万元	Z≥80, 000	5000≤Z<80, 000	300≤Z<5000	Z<300
批发业	从业人员（X）	人	X≥200	20≤X<200	5≤X<20	X<5
	营业收入（Y）	万元	Y≥40, 000	5000≤Y<40, 000	1000≤Y<5000	Y<1000
零售业	从业人员（X）	人	X≥300	50≤X<300	10≤X<50	X<10
	营业收入（Y）	万元	Y≥20, 000	500≤Y<20, 000	100≤Y<500	Y<100
交通运输业 *	从业人员（X）	人	X≥1000	300≤X<1000	20≤X<300	X<20
	营业收入（Y）	万元	Y≥30, 000	3000≤Y<30, 000	200≤Y<3000	Y<200
仓储业 *	从业人员（X）	人	X≥200	100≤X<200	20≤X<100	X<20
	营业收入（Y）	万元	Y≥30, 000	1000≤Y<30, 000	100≤Y<1000	Y<100

续表

行业名称	指标名称	计量单位	大型	中型	小型	微型
邮政业	从业人员(X)	人	X≥1000	300≤X<1000	20≤X<300	X<20
	营业收入(Y)	万元	Y≥30,000	2000≤Y<30,000	100≤Y<2000	Y<100
住宿业	从业人员(X)	人	X≥300	100≤X<300	10≤X<100	X<10
	营业收入(Y)	万元	Y≥10,000	2000≤Y<10,000	100≤Y<2000	Y<100
餐饮业	从业人员(X)	人	X≥300	100≤X<300	10≤X<100	X<10
	营业收入(Y)	万元	Y≥10,000	2000≤Y<10,000	100≤Y<2000	Y<100
信息传输业*	从业人员(X)	人	X≥2000	100≤X<2000	10≤X<100	X<10
	营业收入(Y)	万元	Y≥100,000	1000≤Y<100,000	100≤Y<1000	Y<100
软件和信息技术服务业	从业人员(X)	人	X≥300	100≤X<300	10≤X<100	X<10
	营业收入(Y)	万元	Y≥10,000	1000≤Y<10,000	50≤Y<1000	Y<50

续表

行业名称	指标名称	计量单位	大型	中型	小型	微型
房地产开发经营	营业收入（Y）	万元	Y≥200,000	1000≤Y<200,000	100≤Y<1000	Y<100
	资产总额（Z）	万元	Z≥10,000	5000≤Z<10,000	2000≤Z<5000	Z<2000
物业管理	从业人员（X）	人	X≥1000	300≤X<1000	100≤X<300	X<100
	营业收入（Y）	万元	Y≥5000	1000≤Y<5000	500≤Y<1000	Y<500
租赁和商务服务业	从业人员（X）	人	X≥300	100≤X<300	10≤X<100	X<10
	资产总额（Z）	万元	Z≥120,000	8000≤Z<120,000	100≤Z<8000	Z<100
其他未列明行业*	从业人员（X）	人	X≥300	100≤X<300	10≤X<100	X<10

说明规定："1. 大型、中型和小型企业须同时满足所列指标的下限，否则下划一档；微型企业只需满足所列指标中的一项即可。2. 附表中各行业的范围以《国民经济行业分类》（GB/T 4754—2017）为准。带*的项为行业组合类别，其中，工业包括采矿业，制造业，电力、热力、燃气及水生产和供应业；交通运输业包括道路运输业，水上运输业，航空运输业，管道运输业，多式联运和运输代理业、装卸搬运，不包括铁路运输业；仓储业包括通用仓储，低温仓储，危险品仓储，谷物、棉花等农产品仓储，中药材仓储和其他仓储业；信息传输业包括电信、广播电视和卫星传输服务，互联网和相关服务；其他未列明行业包括科学研究和技术服务业，水利、环境和公共设施管理业，居民服务、修理和其他服务业，社会工作，文化、体育和娱乐业，以及房地产中介服务，其他房地产业等，不包括自有房地产经营活动。3. 企业划分指标以现行统计制度为准。（1）从业人员，是指期末从业人员数，没有期末从业人员数的，采用全年平均人员数代替。（2）营业收入，工业、建筑业、限额以上批发和零售业、限额以上住宿和餐饮业以及其他设置主营业务收入指标的行业，采用主营业务收入；限额以下批发与零售业企业采用商品销售额代替；限额以下住宿与餐饮业企业采用营业额代替；农、林、牧、渔业企业采用营业总收入代替；其他未设置主营业务收入的行业，采用营业收入指标。（3）资产总额，采用资产总计代替。"

在理论界,部分专家学者提出“合规不起诉制度应尽量适用于大型企业,对中小微企业应当慎重适用……对于附条件不起诉模式,应当适用于重大单位犯罪案件”①。同时,也有部分专家学者认为,“刑事合规可适用于各类企业,但在有效合规体系的标准上,大型企业、中型企业、小微企业应当有所区别,而不能套用一个模式”②。而实践中,“企业合规不起诉改革推行以来,大量试点案例中的涉案企业都是包括乡镇企业和家族企业在内的中小微企业”③。

暂时抛开理论上的争论,单纯从实务操作的角度看,根据2022年4月9日最高人民检察院等九部门发布的《涉案企业合规建设、评估和审查办法(试行)》第7条④和第17条⑤的规定,同时结合最高人民检察院已经发布的四批涉案企业合规典型案例,可以明确:目前在法律规范和政策层面,检察机关并未对刑事合规不起诉申请主体的规模进行任何限制。换言之,刑事

① 陈瑞华:《企业合规不起诉改革的八大争议问题》,载《中国法律评论》2021年第4期。

② 朱孝清:《企业合规中的若干疑难问题》,载《法治研究》2021年第5期。

③ 陈瑞华:《企业合规不起诉改革的八大争议问题》,载《中国法律评论》2021年第4期。

④ 《涉案企业合规建设、评估和审查办法(试行)》第7条规定:涉案企业应当设置与企业类型、规模、业务范围、行业特点等相适应的合规管理机构或者管理人员。合规管理机构或者管理人员可以专设或者兼理,合规管理的职责必须明确、具体、可考核。

⑤ 《涉案企业合规建设、评估和审查办法(试行)》第17条规定:人民检察院对小微企业提交合规计划和整改报告的审查,重点包括合规承诺的履行、合规计划的执行、合规整改的实效等内容。

合规不起诉的主体既包括大型企业，也包括中小微型企业，既包括国有企业及其他国家出资企业，也包括民营企业，既包括中资企业，也包括外商投资企业。

三、什么样的关联企业可以申请

（一）个人涉嫌实施与生产经营活动密切相关犯罪的企业的范围界定

《涉案企业合规建设、评估和审查办法（试行）》第 20 条规定，“涉案企业，是指涉嫌单位犯罪的企业，或者实际控制人、经营管理人员、关键技术人员等涉嫌实施与生产经营活动密切相关犯罪的企业”。司法实务中，对于“涉嫌单位犯罪的企业”可以作为刑事合规不起诉的申请主体不存在争议，但对于“实际控制人、经营管理人员、关键技术人员等涉嫌实施与生产经营活动密切相关犯罪的企业”范围，却存在不同认识。

笔者认为，个人涉嫌实施犯罪，由企业进行合规整改，并对个人从宽处理（包括不起诉），一般应满足“与生产经营活动密切相关”这一前提条件。这里的“与生产经营活动密切相关”主要是符合构成要件的犯罪主体、行为、侵害的法益或者所触犯的罪名“与生产经营活动密切相关”。例如，个人实施了泄露内幕信息的犯罪行为，行为人的主体身份是该涉案公司的副总经理、董事长秘书，其长期负责涉案企业的战略规划、投融资等工作,涉嫌犯罪的行为与涉案企业的保密制度、投融资项目等均具有密切关联,所侵害的法益和触犯的罪名亦与涉案企业的投资经营行为直接相关,如果涉案企业愿意积极配合进行合规整改工作,就可以向检察机关申请合规整改,并在合规整改通过后对涉嫌犯罪的个人从宽处理。[①] 再如,最高人民检察院发布的《涉案企业合规典型案例(第四批)》案例一"北京李某某等9人保险诈骗案",虽然系个人实施的保险诈骗犯罪案件,"但是公司在制度建设方面存在疏漏,主要体现在没有制定严密的保险理赔管理制度,公司人员法律意识不强,导致部分员工为了维系客户、提高个人业绩,通过骗保的方式为客户修车,触犯了法律。检察官在实地调研中发现,两家企业涉案员工众多,案发初期A公司的车辆维修服务部门一度陷入瘫痪状态,两家公司的经营管理、企业形象面临巨大危机。两家公司主动提出愿意承担企业责任,希望进行企业合规整改。同时,保险公司对涉案企业开展企业合规没有异议。检察机关在综合考虑案件事实、企业发展前景、社会贡献、合规意愿的基础上,决定启动合规考察程序"[②]。

反之,涉嫌犯罪的个人,如果不是涉案企业工作人员,或者

---

① 参见最高人民检察院:《涉案企业合规典型案例(第三批)》,载最高人民检察院网,https://www.spp.gov.cn/xwfbh/wsfbt/202208/t20220810_570413.shtml#2。

② 最高人民检察院:《涉案企业合规典型案例(第四批)》,载最高人民检察院网,https://www.spp.gov.cn/xwfbh/wsfbt/202301/t20230116_598548.shtml#2。

其涉嫌犯罪的行为、侵害的法益或者触犯的罪名(如工作期间打架斗殴、盗窃等)与涉案企业的生产经营活动并不密切相关(这里指的是犯罪行为性质本身而非犯罪行为发生的时空环境),则一般不符合申请合规不起诉的前提条件。

此外,需要注意的是,符合上述条件仅仅是申请合规不起诉的前提,具体还应结合个人犯罪与涉案企业合规整改之间的关联性、必要性和有效性,进行综合分析判断。

(二)下级公司涉嫌犯罪的是否可以以上级公司名义申请

对于该问题可以从两个角度进行分析:如果从全面合规整改的角度分析,下级公司涉嫌犯罪的,上级公司(或集团公司)和下级公司为了配合全面整改,与下级公司一并作为合规整改申请人的,可以理解为上级公司(或集团公司)向检察机关作出的一种合规整改承诺,目前对此并无规范性的约束或限制条件;如果从犯罪主体的角度分析,在上级公司(或集团公司)有兼职身份的人员,如果实施了与生产经营活动密切相关的犯罪,建议以其涉嫌实施的主要犯罪行为所对应的职务身份所在公司为申请主体,如果难以区分或者均有一定关联关系的,则建议以上级、下级公司的名义共同申请,以最大限度地体现合规整改的意愿与决心,同时为后续建立健全合规体系创造条件。

（三）涉嫌单位犯罪的企业被注销后是否可以以关联企业或新企业的名义申请

实践中，部分涉案企业的犯罪行为发生在多年前，这些企业因为当初受到了行政处罚或者其他主客观原因已经注销，此后该企业曾经的实际控制人、经营管理人员、关键技术人员等涉案人员如果组建了新的企业，或者已被注销的涉嫌实施单位犯罪的企业的关联企业仍在正常运营的，能否以新组建的企业或者已被注销的涉案企业的关联企业的名义申请合规不起诉？目前的规范性文件和司法政策并未对这一问题作出明确规定。对此，应具体问题具体分析：

第一，对于新组建的与原涉案企业没有任何承继关系的企业，因为无法直接将涉嫌犯罪的主体的犯罪行为与新组建企业建立因果关联，故其一般情况下不能作为关联企业向检察机关申请合规不起诉。

第二，对于新组建的与原涉案企业存在承继关系的企业，如果犯罪主体当年实施的犯罪行为仍然与新组建企业存在密切关联的，可以尝试向检察机关提出合规不起诉的申请，并努力说服检察机关同意启动合规整改工作。

第三，对于已被注销的涉案企业的关联企业，如果涉嫌犯罪的个人当时所实施的犯罪与该关联企业的生产经营活动存在密切关系的，也可以尝试向检察机关提出合规不起诉的申请,并努力说服检察机关同意启动合规整改工作。

第二节　刑事合规不起诉的申请程序

一、主动申请还是检察机关依职权启动

《第三方监督评估机制实施细则》第 19 条规定:“人民检察院在办理涉企犯罪案件时,应当注意审查是否符合企业合规试点以及第三方机制的适用条件,并及时听取涉案企业、人员的意见。经审查认为符合适用条件的,应当商请本地区第三方机制管委会启动第三方机制。公安机关、纪检监察机关等办案机关提出适用建议的,人民检察院参照前款规定处理。”第 20 条规定:“涉案企业、人员及其辩护人、诉讼代理人以及其他相关单位、人员提出适用企业合规试点以及第三方机制申请的,人民检察院应当依法受理并进行审查。经审查认为符合适用条件的,应当商请本地区第三方机制管委会启动第三方机制。”

根据上述规定,检察机关作为审查决定机关,可以依职权主动对认为符合适用条件的案件启动合规试点审查。同时,公安机关、纪检监察机关等办案机关,涉案企业、人员及其辩护人、诉讼代理人以及其他相关单位、人员,均可以主动向检察机关提出适用企业合规试点的建议或申请,检察机关经审查认为

符合适用条件的,应当依法启动合规试点程序。

二、是否同步向上级检察机关申请

涉案企业、个人一方(包括其律师团队),在主动申请适用涉案企业合规改革试点的过程中,除了需要向具体负责案件审查起诉的检察机关提出合规整改申请之外,是否还需要向上级检察机关一并提出合规整改申请,应具体问题具体分析:

首先,如果承办案件的检察机关或检察官对合规申请持比较保守甚至排斥的态度,建议涉案企业、个人一方(包括其律师团队)同步向上级检察机关提出申请。因为,合规试点属于一种新型"检察产品",实践中确实存在个别检察官基于怕麻烦、担心风险等顾虑,将一些本来符合试点条件的案件挡在了合规试点的大门之外。这种人为原因导致的不利影响,无论是对于涉案企业、犯罪嫌疑人还是对于检察工作而言,都是无法弥补的缺憾。为了防止这种极个别的情况出现,建议将合规整改的申请材料同步提交上级检察机关,通过上级检察机关的转递程序,增加申请通过的可能性。

其次,如果承办案件的检察机关和检察官对合规申请均持开放和支持的态度,则暂无必要向其上级检察机关提出申请,可以重点结合涉案企业合规整改的必要性和可行性与办案人员进行有效沟通,争取尽快启动合规整改工作。

最后,如果无法准确判断承办案件的检察机关和检察官对合规试点工作的具体态度,本着审慎的原则,建议同步向上级检察机关提出合规整改申请。根据最高人民检察院关于开展企业合规改革试点的有关工作方案要求,试点期间确定适用企业合规的案件一般由省级人民检察院统一把关,争议案件可以对口向最高人民检察院相关业务厅请示。因此,这里的“上级检察机关”既包括上一级检察机关,也包括更高层级的检察机关。

三、如何说服检察机关同意启动

毋庸置疑,具体案件与涉案企业本身是否符合企业合规试点以及第三方监督评估机制的适用条件,才是检察机关最终能否同意启动合规整改程序的关键因素。但是,在具体案件和涉案企业已经基本具备本书第二章所述适用条件的基础上,如何说服检察机关同意启动合规整改程序,同样具有重要的价值。

首先,要准备好全面、充分的书面申请材料。全程留痕、用事实和证据说话,是司法机关及其工作人员办案的基本要求,无论是当事人还是律师,都应当充分了解和掌握。具体到合规不起诉的书面申请材料,应当重点体现个案合规整改的必要性和可行性,特别是要结合个案发生的真实原因,具体问题具体分析,让检察官通过阅读申请材料,充分感受到涉案企业、个人诚恳的悔改态度和强烈的合规整改意愿，切忌套用各种模板，堆积一些不痛不痒的套话、官话。否则，可能会事与愿违，仅仅因为申请材料不符合标准，而导致本来符合条件的案件未通过审查。

其次，要在提交书面申请材料的基础上，做好有效的当面沟通。提交全面、充分的书面申请材料，仅仅启动合规不起诉程序的基础和前提，还远远不够。涉案企业、个人要积极创造条件，通过自己联系、律师预约等多种方式，争取和办案检察官进行当面沟通。考虑到检察官给予当面沟通的时间可能非常有限，故在面谈过程中应当以律师陈述为主，涉案企业代表陈述为辅。至于陈述的具体内容，应当超越书面申请材料，就书面材料中未充分体现或者不宜在书面材料中阐述的信息（如案件的特殊背景信息等），通过当面陈述的形式向检察官进行反映和说明。

最后，要站在检察官办案的角度，结合案件的事实、证据，综合运用法律和司法政策，打消检察官可能存在的顾虑。根据最高人民检察院《关于开展企业合规改革试点工作方案》，涉案企业合规试点工作，应当与依法适用认罪认罚从宽制度、依法清理“挂案”、依法适用不起诉等检察工作结合起来。特别是，对于一些在案件事实认定和证据把握上存在较大争议的涉企业和涉企业家的犯罪案件，检察机关往往处于一种定放两难、进退维谷的状态。对于此类案件，即便适用合规不起诉存在一定困难,也应当积极创造条件,结合案件事实、证据的特殊性和当前司法政策的导向性,积极努力地为案件寻找法律出路,在个案处理上协助检察机关实现“三个效果”的有机统一。

第三节　刑事合规不起诉的启动材料

一、合规整改申请书

万事开头难,合规整改申请尤其如此。基于目前合规试点改革的特殊背景,检察机关同意启动合规试点及适用第三方监督评估机制,往往意味着案件经过了慎重或者多层级的研究或请示,同时也意味着一个刑事案件额外获得了一次宝贵的从宽处罚甚至不起诉的机会。因此,无论是对于涉案企业、涉案企业家,还是对于刑辩律师而言,制作一份能够获得检察机关“青睐”的合规整改申请书,是申请启动材料中的重中之重。

虽然目前的规范性文件并未对企业合规试点及整改申请书作出任何规定,但这并不意味着没有规律可循。根据最高人民检察院公布的改革方案及四批典型案例,并结合本书编写组参与办理的多起合规不起诉案件,笔者总结归纳合规整改申请书的要点如下:

（一）引言或概述

该部分内容即合规试点及整改申请书的首部。一般应当涵盖以下三方面的内容：

一是自报家门，高度提炼所涉案件的基本信息。主要包括涉案单位及犯罪嫌疑人的基本信息、所涉罪名、案件由来与诉讼经过等，该部分内容主要是让办案机关和检察官通过材料迅速定位到具体的案件信息，同时为下一步的说明阐释做好铺垫。

二是开门见山，说明来意。高度概括申请开展合规试点及整改的诉求，重点从案件特点、企业现状、国家政策、法律依据等角度，用精练的语言高度概括申请合规试点及整改的急迫性和必要性。

三是承上启下，态度诚恳。通过简单的铺垫和引导语，让检察官感受到申请人强烈的合规整改意愿和诚恳的整改态度，并引导其关注后续正文的具体内容。

合规整改申请书（首部）

实例参考

某某市人民检察院及主管领导：

涉案单位××公司涉嫌犯××罪、涉案单位直接责任人×

×(系公司实际控制人,现羁押于某看守所)涉嫌犯××罪一案,由××公安局侦查终结并于××××年××月××日移送贵院审查起诉。经辩护律师会见犯罪嫌疑人并向涉案单位调查了解,案件发生后,涉案单位及犯罪嫌疑人已充分认识到在企业经营、合规建设、法律意识等方面存在的重大问题,正在全力修复法益,最大限度恢复生产秩序。但由于此次涉嫌犯罪,涉案企业负责人长期被羁押,涉案企业同时也涉嫌单位犯罪,导致银行断贷,核心业务停滞,领导层军心不稳,员工思想剧烈波动,企业出现严重的生存危机,上千名职工的家庭收入受到严重影响。

鉴于涉案企业及责任人所涉犯罪具有特殊的时代背景,社会危害性不大,愿意认罪认罚,且符合开展合规试点的基本条件,根据最高人民检察院等九部门发布的《涉案企业合规建设、评估和审查办法(试行)》《关于建立涉案企业合规第三方监督评估机制的指导意见(试行)》《〈关于建立涉案企业合规第三方监督评估机制的指导意见(试行)〉实施细则》,并参照最高人民检察院《涉案企业合规典型案例》,特向贵机关提交合规整改申请书,恳请贵机关及主管领导能够从特殊预防和一般预防的刑罚目的出发,本着对民营企业"严管厚爱"的原则,与第三方监督评估机构一并指导涉案企业开展合规整改试点工作,实现"三个效果"的有机统一。具体情况,汇报如下……

(二)涉案企业及犯罪嫌疑人的基本情况

1. 企业及发展概况

该部分简要陈述企业的设立、变更、发展及未来发展规划等情况,简要说明企业的规模、业务范围、运营模式等,并结合企业文化和行业特点,重点介绍涉嫌犯罪的行为及行为人所在业务领域的基本情况,旨在让检察官对企业运营发展的整体情况和涉案企业是否具备合规整改的价值进行初步的了解和评估。

2. 企业组织架构

通过文字、图表等形式,详略得当地展示涉案企业的组织架构,并重点标示犯罪嫌疑人在企业组织架构中的岗位职责。对于存在上下级或母子公司的企业或集团公司,还应当标示出完整的企业组织或集团组织结构,方便检察官了解涉案企业和人员在整个企业组织体系中的地位和作用,对后续是否开展全面合规体系建设或如何有效开展专项合规进行分析评估。

3. 就业贡献

就业是重要的民生问题,关系着千家万户的生活,也关系着当地的经济发展和社会稳定,是检察机关能否同意涉案企业开展合规试点的重要参考指标。因此,合规整改申请书应根据企业自身情况,重点围绕就业渠道提供、就业岗位创造、积极的就业政策、多元的就业形式等进行说明,突出涉案企业在就业方面所作出的贡献。

4. 科技贡献

科技贡献体现了企业在促进科技创新和社会经济发展中的积极作用,有助于提升涉案企业合规整改的价值和意义。企业科技贡献主要包括企业研发投入、知识产权成果、科技人才培养、科研成果输出等情况。

5. 税收贡献

结合企业所在的行业和地域特征,从纳税数额、缴税比例、税收贡献度等多方面向检察机关陈述涉案企业对于当地财政和经济的具体贡献,旨在突出涉案企业过去及未来可能为当地财政作出的贡献。

6. 履行社会责任情况

企业履行社会责任的范围比较广泛,可能作为启动合规试点参考的内容,主要体现在抗疫救灾、慈善捐款、助农助学、脱贫扶贫、环境保护、福利投资等方面。

另外,涉案企业如果存在金融贷款、涉众投资、重大工程、重点项目等可能影响经济和社会稳定、发展特殊情况的,也可以一并纳入企业履行社会责任的范围,或者单独作为一部分向检察机关作出重点说明。

7. 犯罪嫌疑人的基本情况

这里主要是围绕犯罪嫌疑人在企业中的岗位和职责,以及未来其在合规整改过程中可能发挥的重要作用,重点向检察机关说明个人犯罪中企业合规开展必要性或单位犯罪中“放过企业”“放过企业家”的必要性。例如,2022 年 7 月 21 日最高人民检察院发布的《涉案企业合规典型案例(第三批)》案例二“王某某泄露内幕信息、金某某内幕交易案”,经过律师团队充分研究认为,涉案犯罪嫌疑人因被羁押造成公司业务停滞,建议企业主动向检察机关作出合规经营承诺,并组织律师重点围绕“个人犯罪中企业合规开展必要性”撰写合规申请材料。之后,检察机关结合辩护律师提交的合规申请书,向涉案企业负责人、投资人及合作伙伴多方核实,调取企业项目资质、决策会议记录等证明材料,了解到涉案企业正处于从生产制造模式向产融运营模式转型的关键阶段,犯罪嫌疑人长期负责战略规划、投融资等工作,因其羁押已造成多个投融资和招商项目搁浅,导致涉 10 亿元投资的产业园项目停滞,犯罪嫌疑人对企业当下正常经营和持续发展确有重要作用。最终,检察机关综合考虑犯罪情节、案件查证情况及犯罪嫌疑人认罪认罚意愿,及时回应企业需求,变更犯罪嫌疑人的强制措施为取保候审。同时,鉴于涉案企业具有良好发展前景,且有合规建设意愿,检察机关经审查评估犯罪行为危害、个人态度、履职影响及整改必要性等因素,及时启动了企业合规整改工作。

(三)犯罪原因剖析

涉案企业及其负责人违法犯罪的原因是多方面的:既有内

部原因,也有外部原因;既有现实原因,也有历史原因;既有企业原因,也有个人原因;既有直接原因,也有间接原因;等等。在合规整改申请书中,应重点围绕与企业生产经营及合规建设密切相关的原因进行剖析。

这里需要注意的是,犯罪原因的剖析一定要实事求是,具体客观,不能回避问题,更不能推诿责任,要通过原因剖析体现涉案企业及其责任人员合规整改的强烈意愿和决心,切忌使用官话、套话,不痛不痒地剖析犯罪原因,否则会事与愿违甚至引起办案人员的反感。

涉案单位违法犯罪原因剖析
实例参考

……涉案单位××公司及相关责任人××,在刑事侦查(或监委调查)和审查起诉期间,已深刻认识到自身存在的错误,针对本次案件中暴露出来的××问题,深挖犯罪根源,认真剖析原因,为涉案企业下一步开展合规整改"对症下药"打好基础。

一、涉案单位改革发展的特定历史原因,导致单位及直接责任人员法治观念淡薄、合规文化缺失

从自筹资金租地办厂,开设××,××历时几十年,带领管理团队,将一个名不见经传的乡镇企业逐步发展为省内有影响

力、省外有知名度的大型企业集团,并在××集团平台上初步形成了××运营格局。由于××本人在企业改革发展中的特殊贡献,使其具有较高的声望和群众基础,同时也导致涉案单位人治文化色彩偏重,法治理念相对薄弱,合规文化缺失。具体到本案而言,体现为三个方面:

一是在办企资金的来源和管理使用上,××及其管理团队沿袭了创业初期的做法,没有严格落实企业财务管理制度要求。由于历史原因,××本人在创办××企业初期,曾多次以个人名义向亲朋好友借款,用于××建设。在当时特定历史条件下,为偿还借款方便,××曾将个人的银行卡交到财务部门使用,从而导致个人部分资金与单位资金出现混同。本案对非国家工作人员行贿的资金主要来源于企业××金收入,虽然行贿是为了××等单位利益,但却严重违反了企业的财务管理制度,更触犯了刑律,暴露出集团董事长、核心管理团队法治观念淡薄,合规意识不强的问题。

二是在企业人员岗位职责设置和业务开展上,重感情、轻制度,重资历、轻职责,导致企业内部合规文化缺失,业务合规审查缺位。由于企业发展迅速,一些早期参与创业的老员工尚未适应现代企业规范管理的要求,在处理相关工作时,往往注重个人感情评价,而忽视了制度要求,对于新岗位、新业务、新制度缺乏深入了解,合规意识不足。本次涉案单位及责任人之所以触犯法律,直接原因之一就是对合作对象职务廉洁性要求缺乏基本的认识，对于关联企业的融资需求、经营行为等未进行全面合规审查，导致违法犯罪问题未被及时发现、制止和纠正。

三是在合规文化的宣传倡导上，没有开展有针对性的培训和警示教育，导致企业文化过于追求效益，而忽视了规则与秩序。员工入职、上岗以及从事具体业务过程中，均没有合规培训和警示教育；对员工和高管设置的考核指标中，效益指标远超其他指标，导致涉案单位从员工到高管，从业务到管理，都过于关注效益，而忽视了法律与合规方面的风险。本案中，为了实现投融资、业务合作、承办××工程等效益指标，涉案企业不惜违反法律规定，采取行贿的手段，最终被依法查处，可谓教训深刻，代价惨痛。

二、涉案企业治理模式偏于粗放，部分重点岗位交叉重叠，内部制约和风险防范机制明显不足

一是董事会、经营管理层、监事会在公司治理、监督管理等方面存在不同程度的缺位和虚化。虽然涉案企业在重大决策、重要项目、财务信息等方面按照公司章程召开了会议并履行了相应的法律监督程序，但是囿于能力水平、创始人权威、履职责任心等因素影响，相关人员对于上述决策事项中涉及的具体细节和合规风险认识严重不足，导致决策程序流于形式，董事会和监事会对经营者的监督未发挥应有的作用。

二是在财务、资产、工程、招投标管理等重点岗位的设置

上，部分存在一人兼数职或岗位职能交叉重叠、权责不清的情况，导致内部制约机制和风险防范机制失效。例如，涉案单位财务部门对于会计和出纳的监督制约机制落实不到位；涉案单位负责资产管理、工程造价、招投标管理等职能的负责人存在一人多岗、职能交叉重叠的问题等。在本案中，财务部门的现金收支制度、招投标部门的公开竞标制度，均因为内控制约机制失效而没有落实到位，最终导致出现违法犯罪行为。

三是在个人资源与企业资源的互利关系上，缺少合规手册及相应规范指引，对可能出现的利益冲突、利益输送等问题防范和应对不足。本案中，涉案主体及其关联方既包括国有企业××公司，又包括混合所有制企业××公司及其下属的××企业，还包括××及其亲属控股的民营企业××公司、××集团有限公司等，上述主体之间利益相互交织，法律关系异常复杂。在开展具体业务合作过程中，既存在以个人资源为不同性质的企业发展服务的情况，也存在不同性质的企业资源和个人互利的情况。由于缺乏合规意识，缺少合规操作规范，导致出现利益冲突时，主要决策人员无所适从，往往按照个人情感、亲疏关系、工作习惯等进行处理，直接诱发了违法犯罪行为的发生。

三、涉案单位合规管理制度不完善，导致监管乏力，内控失效，出现违法犯罪风险

一是缺乏专门的合规组织机构。目前涉案单位既不存在合规委员会，也没有设置首席合规官或者合规总监、合规专员

等合规岗位,合规职责和合规管理工作的开展缺乏强有力的领导机构和负责人员,导致合规建设无法有序开展,合规风险防控无人主导。

二是合规基本制度不健全。涉案单位虽然初步建立了经营管理制度,但是这些制度有的制定时间较早,已经不能适应目前的业务发展需要,有的则过于抽象和原则,不具有可操作性,还有很多制度处于缺失状态(如员工手册、商业行为准则等)。特别是,相关制度普遍缺乏系统性和规划性,并没有专门设置针对合规风险防控的条款和内容,导致企业合规管理容易因人、因事区别对待,增加了"不合规"的制度风险。

三是合规运行机制保障不足。目前涉案单位在人员、培训、宣传、场所、设备和经费等人力、物力保障方面,没有专门针对合规管理的预算和计划,涉案单位对合规风险的监测、举报、调查、处理机制并不完备,导致无法有效保证及时发现和监控合规风险,纠正和处理违规行为。

综上,涉案单位出现违法犯罪问题,既有主观因素,也有客观原因,但归根结底还是单位自身的合规建设出现了问题。我们庄严承诺:自愿在侦查(监察委)和检察机关的监督、指导和帮助下,全面查摆问题原因,认真开展合规整改,举一反三,警钟长鸣,从根本上杜绝违法犯罪的再次发生。

(四)所涉案件具备合规整改的基本条件

2021 年 6 月 3 日,最高人民检察院等九部门发布的《关于建立涉案企业合规第三方监督评估机制的指导意见(试行)》第 4 条和第 5 条,分别从正、反两个方面规定了涉案企业合规第三方监督评估机制的适用条件和否定性条件,上述条件在某种程度上也可以理解为涉案企业启动合规整改的基本条件。

《关于建立涉案企业合规第三方监督评估机制的指导意见(试行)》第 4 条规定的是可以适用合规试点的条件,即"对于同时符合下列条件的涉企犯罪案件,试点地区人民检察院可以根据案件情况适用本指导意见:(一)涉案企业、个人认罪认罚;(二)涉案企业能够正常生产经营,承诺建立或者完善企业合规制度,具备启动第三方机制的基本条件;(三)涉案企业自愿适用第三方机制";第 5 条规定的是不能适用合规试点的条件,即"对于具有下列情形之一的涉企犯罪案件,不适用企业合规试点以及第三方机制:(一)个人为进行违法犯罪活动而设立公司、企业的;(二)公司、企业设立后以实施犯罪为主要活动的;(三)公司、企业人员盗用单位名义实施犯罪的;(四)涉嫌危害国家安全犯罪、恐怖活动犯罪的;(五)其他不宜适用的情形"。

在撰写合规整改申请书的过程中,申请人或者辩护律师应当具体结合涉案企业、个人是否认罪认罚、是否自愿承诺合规、具备哪些合规整改的有利条件以及是否属于不适用企业合规试点的情形等情况分门别类作出说明。鉴于本书第二章对上述具体适用条件已经进行了详细阐释,本部分不再赘述。

(五)合规整改计划纲要

如果严格按照合规材料的类型和提交的阶段区分,合规整改计划书是要等合规试点工作启动后才向检察机关提交的材料。但是,“在现行法律规定的框架内,开展涉案企业合规不能突破办案期限,但制定和实施合规计划、设置考察期等均需耗费大量时间”①,为了协助检察官“调和办案期限有限性与合规建设的长期性之间的矛盾”②,从便于实际操作和最大限度说服检察机关同意启动合规试点的角度来看,在合规整改申请书中简要阐述涉案企业未来的合规计划,是非常有必要的。特别是,对于没有开展过合规试点工作的检察机关和检察人员,申请人在提交合规整改申请的同时,就涉案企业未来的合规组织建设、制度建设、运行机制、合规文化建设等提出符合企业自身规模和特点的合规整改计划纲要,有助于检察机关和承办检察官提前对案件和涉案企业作出全面的研究,并能最大限度减少办案机关对后续合规整改工作可能存在的顾虑。当然,由于此时尚未启动合规试点工作,申请人在合规整改申请书中仅对合规计划作出提纲挈领式的概括说明即可。详细的合规整改计

① 李勇主编:《企业合规司法人员手册》,法律出版社 2023 年版,第 53 页。
② 李勇主编:《企业合规司法人员手册》,法律出版社 2023 年版,第 53 页。

划书如何撰写，将在本节第三部分详述。

（六）结尾

好的结尾可以起到总结全文，卒章显志，升华主旨的重要作用。合规整改申请书的结尾不应当仅起到总结概括的作用，而应当从更高维度、更宽视野去引导检察官关注和思考对涉案企业开展合规整改的政策价值和现实意义，要努力通过诚恳的态度、扎实的材料、充分的依据激发检察机关和检察人员开展合规试点的积极性和主动性。

合规整改申请书结尾

实例参考

综上，涉案企业及责任人已深刻认识到所犯错误，并自愿认罪认罚，恳请检察机关在严格依法办理案件的同时，充分考虑涉案企业及责任人具有的多个法定、酌定减轻或从轻处罚情节，充分考虑××及所属企业为本地所作出的巨大贡献，并从平等保护国有参股企业和民营企业，保障职工权益，维护金融和社会稳定等多个角度，落实对民营经济的司法保护政策，对于涉案企业积极适用合规整改试点，指导和帮助涉案企业弥补制度建设和合规、监管等方面的漏洞，从源头防止再次发生类似违法犯罪行为，并对最终通过合规考察的涉案企业及责任人依法作出不起诉决定。作为涉案企业和责任人,我们将一如既往地配合检察机关贯彻落实宽严相济刑事政策,努力配合检察机关将本案办成检察系统积极完成“六稳”“六保”任务,有效惩治、预防企业违法犯罪,服务保障经济社会高质量发展,助力国家治理体系和治理能力现代化的典型案例。

二、企业合规承诺书

合规承诺书是涉案单位及其负责人针对涉案违法犯罪事实,自愿向办案机关作出的合规整改承诺,一般包括自愿认罪认罚、主动查摆问题、承诺配合整改等方面,并应结合所涉企业和案件特点,作出有针对性的承诺。如果是公司、企业的实际控制人、经营管理人员、关键技术人员等实施了与生产经营活动密切相关的犯罪行为,涉案企业出具合规承诺书时,应根据企业人员涉嫌犯罪的具体情况作出相应调整。

另外,合规承诺书既可以在检察机关同意启动合规整改工作后按照检察机关提供的模板签署提交,也可以在合规整改工作启动前与合规整改申请书一并提交,在方便检察机关办案的同时,也可最大限度地体现涉案企业和人员申请合规整改的意愿和决心。

合规承诺书

实例参考

本单位自愿接受××人民检察院及第三方监督评估机构的合规监管，同时承诺：

一、本单位自愿认罪认罚，并退缴、退赔全部违法所得（个人犯罪的可表述为：本单位深刻检讨并愿意积极配合公司高管认罪认罚）。

二、本单位承诺对××领域（或问题）进行合规整改，招聘或者外包聘请专业合规团队，按照规定时间制定并落实合规计划、提交自查报告等合规材料。

三、本单位承诺全力配合合规考察、评估、监管等工作，向检察机关及第三方监督评估机构提供客观、全面的单位经营信息及内部资料。

四、本单位承诺自查自纠并根据检察机关的检察建议或者第三方监督评估机构提出的问题及整改要求进行全面合规整改。

五、本单位承诺支付与合规整改、监管等相关的一切费用。

六、本单位承诺保守与案件或本次合规整改相关的秘密。

承诺单位及负责人：

日期：

三、合规整改计划书

合规计划,通常是指企业为了预防、发现违法犯罪行为而主动实施的内部自我管理、约束措施、机制,[①]"即面对已经排查出的,或可能存在的违法犯罪风险,企业采取哪些手段具体应对"[②]。在刑事合规不起诉案件中,合规计划书有其特定含义,一般是指检察机关同意对涉案企业启动合规整改或第三方评估机制后,涉案企业根据检察机关的检察建议或者应第三方监督评估机构的要求,针对自身存在的违法问题及相关法律风险,所制定的在一定时期内开展合规建设的工作计划书。

涉案企业提交的合规计划书,"应当以全面合规为目标、专项合规为重点,主要针对与企业涉嫌犯罪有密切联系的企业内部治理结构、规章制度、人员管理等方面存在的问题,制定可行的合规管理规范,构建有效的合规组织体系,完善相关业务管理流程,健全合规风险防范报告机制,弥补企业制度建设和监督管理漏洞,防止再次发生相同或者类似的违法犯罪"[③]。

根据上述意见,并综合参考国家标准化管理委员会发布的ISO 37301:2021《合规管理体系　要求及使用指南》,以及国资

---

① 参见李勇主编:《企业合规司法人员手册》,法律出版社2023年版,第57页。

② 李勇主编:《企业合规司法人员手册》,法律出版社2023年版,第57页。

③ 《第三方监督评估机制实施细则》第28条。

委发布的《中央企业合规管理办法》《中央企业合规管理指引（试行）》等指南或文件，笔者认为合规计划书应重点体现四个方面的内容。

（一）设立合规组织

“企业合规组织是企业实施合规管理以及企业合规管理体系的组织载体。建立独立、高效、协调、合作的企业合规组织，是企业合规管理体系的重要组成部分，是企业有效进行合规管理、依法治企的组织保障”。[①]

在刑事合规不起诉案件中，设立符合涉案企业特点的合规组织，是有效开展合规整改、落实合规计划的组织保障。一般而言，根据企业规模大小，合规组织从上到下主要包括董事会与监事会、合规委员会、首席合规官、合规部、合规团队、合规专员、合规联络员等。

在制定合规计划时，应根据涉案企业的性质、规模、运营发展等情况，提出设立相应合规组织的工作计划，并明确不同层级合规组织的职能作用。例如，在规模较大的涉案企业，可以设立专门的合规委员会，负责统筹、协调合规管理工作，定期召开会议，研究解决重点、难点问题，牵头负责整个企业或集团的合规管理工作，并主要履行以下职责：组织起草合规管理基本

① 郭青红：《企业合规组织》，载个人图书馆网 2023 年 2 月 24 日，http://www.360doc.com/content/22/1027/17/149080_1053519371.shtml。

制度、具体制度、年度计划、专项计划和工作报告等；负责规章制度、经济合同、重大决策合规审查；组织开展合规风险识别、预警和应对处置，根据董事会授权开展合规管理体系有效性评价；受理职责范围内的违规举报，提出分类处置意见，组织或者参与对违规行为的调查；组织或者协助业务及职能部门开展合规培训，受理合规咨询，推进合规管理信息化建设等。在规模较小的涉案企业，可以设立合规办公室或配备与经营规模、业务范围、风险水平相适应的专职合规管理人员，主要履行以下职责：建立健全涉案企业业务合规管理制度和流程，开展合规风险识别评估，编制风险清单和应对预案；定期梳理重点部门或岗位合规风险，将合规要求纳入部门或岗位职责；负责涉案企业经营管理行为的合规审查；及时报告合规风险，组织或者配合开展应对处置；组织或者配合开展违规问题调查和整改等。

（二）健全合规制度

合规建设，制度先行。涉案企业应当在合规整改计划中，强调建立健全合规管理基本制度，明确合规体系建设的总体目标、机构职责、运行机制、考核评价、监督问责等内容。合规计划应重点结合涉案犯罪事实和犯罪原因，对与案件相关的重点领域、重点环节、重点人员的合规管理作出规定。

上述重点领域的合规制度，包括但不限于市场交易管理制度、安全环保制度、产品质量规范、劳动用工制度、财务税收制度、知识产权制度、商业伙伴合作规范等;重点环节的合规制度,包括但不限于制度制定、经营决策、生产运营等环节的制度规范;重点人员的合规管理制度,包括但不限于高管及中层管理人员履职规范、重要风险岗位人员工作规范、海外人员或其他重点人员合规管理规范等。

当然,在制定合规计划时,上述制度并不需要面面俱到,要根据案件事实和案发原因,有所侧重地制定专项合规或者全面合规计划。此外,对于规模较小的涉案企业,可以根据案件情况和企业自身特点,将建立、健全采购、生产、经营、销售等具体业务操作规范作为合规整改计划中制度建设的重点内容,要避免制定某些假大空、不切实际的合规制度。

(三)完善运行机制

徒法不足以自行,合规制度如果缺少了运行保障机制,将无法有效发挥防控风险的重要作用。一套完善的合规运行机制一般包括合规风险识别评估预警机制,合规审查流程嵌入机制,合规风险应对报告机制,违规问题整改机制,违规举报与发现机制,违规行为追责问责机制,合规部门协同运作机制,合规管理保障机制、合规有效评估机制等。

如上文所述,对于规模较小的涉案企业,应当根据自身特点和案件情况,重点通过完善合规审查流程和提供人、财、物等合规保障,有针对性地补齐短板,并在有限的时间内通过重点做好专项合规,之后进一步持续整改,循序渐进地推动涉案企业逐步建立全面、有效的合规运行机制。

(四)培育合规文化

"合规文化是企业文化的重要组成部分,是组织成员在长期发展过程中形成的依法合规的思想观念、价值标准、道德规范和行为方式。"[①]合规组织、合规制度和运行机制均属于合规的外部表征与实现载体,合规文化属于更深层的合规建设,就某种意义而言培育合规文化是合规管理体系建设的"灵魂"所在。

合规文化与合规计划具有天然的"亲和性",美国《联邦量刑指南》最早将合规计划与企业刑罚直接联系起来,将合规计划称为"有效合规与道德计划"(effective compliance and ethics program)。[②] "刑事法语境下的企业合规,重在'合规的有效性';而'有效合规'的落脚点不在有无形式上的合规管理体系或内控制度,而在有无实质性的'道德推进计划'。也正因如此,该指南在其后多次对合规计划的构成要素进行修订时,日

① 夏威:《浅谈合规文化建设的实现路径》,载微信公众号"三品合规"2023 年 2 月 25 日,https://mp.weixin.qq.com/s/7-rL4RU_lLdMUuuFKuyPnw。

② 参见张远煌、秦开炎:《合规文化:企业有效合规之实质标准》,载《江西社会科学》2022 年第 5 期。

益突出文化要素，不仅将‘提倡鼓励道德行为和遵守法律的组织文化’与‘预防并调查犯罪行为’相并列，而且将合规文化提升到企业合规基本目的的高度”。[①]

在制定合规计划时，要针对合规文化容易“务虚”的倾向，在具体落实、操作流程、工作细节等方面下功夫。例如，在反商业贿赂合规计划中，制定《员工反商业贿赂手册》，详细列明商业贿赂的表现、危害、举报方式等，通过入职培训、案例警示、廉洁考核等方式，将廉洁文化融入员工的整个职业生涯，形成“不敢、不能、不愿”的廉洁从业文化等。

四、认罪认罚具结书

严格来讲，认罪认罚具结书并不是专门用于合规申请或启动的书面材料，但根据《关于建立涉案企业合规第三方监督评估机制的指导意见（试行）》第 4 条的规定，涉案企业、个人认罪认罚是启动合规不起诉流程的前提条件之一。根据笔者办理认罪认罚案件的经验，无论是涉嫌单位犯罪的企业还是个人，即便辩护律师在事前已经进行了说明，但在签署认罪认罚具结书过程中，当事人还是会存在诸多问题和顾虑，有些甚至会影响后续程序的启动和顺利开展。因此，有必要提前将认罪认罚

① 张远煌、秦开炎：《合规文化：企业有效合规之实质标准》，载《江西社会科学》2022 年第 5 期。

具结书的基本结构和内容向涉案企业和个人充分释明，最大限度地减少案件“信息不对称”可能导致的意外情况出现。

认罪认罚具结书

实例参考

一、犯罪嫌疑人身份信息

本人姓名××，男，××××年××月××日出生，居民身份证号码××，汉族，××文化，××有限公司××，户籍所在地：×省×县×乡×村×组。（涉嫌单位犯罪的，相应调整为单位信息，下同）

二、权利知悉

本人已阅读《认罪认罚从宽制度告知书》，且理解并接受其全部内容，本人自愿适用认罪认罚从宽制度。

三、认罪认罚内容

本人知悉并认可如下内容：

1. ×省×市×区人民检察院指控的犯罪事实……

2. ×省×市×区人民检察院指控本人构成××罪。

3. ×省×市×区人民检察院提出的量刑建议：有期徒刑××年，缓刑××年。

4. 本人同意适用速裁程序。

四、自愿签署声明

本人就本具结书内容已经听取值班/辩护律师的法律意见，知悉认罪认罚可能导致的法律后果。

本《认罪认罚具结书》是本人在知情和自愿的情况下签署，未受任何暴力、威胁或任何其他形式的非法影响，亦未受任何可能损害本人理解力和判断力的毒品、药物或酒精物质的影响，除了本《认罪认罚具结书》载明的内容，本人没有作出其他任何关于案件处理的承诺。

本人已阅读、理解并认可本《认罪认罚具结书》的每一项内容，上述内容真实、准确、完整。

本人签名：

日期：

本人系××市××律师事务所的律师，担任犯罪嫌疑人××的值班/辩护律师。本人证明，该犯罪嫌疑人已经阅读了《认罪认罚从宽制度告知书》及《认罪认罚具结书》，自愿签署了上述《认罪认罚具结书》。

律师签名：

日期：

第四节　如何开展刑事合规尽职调查

一、刑事合规尽职调查的特殊性

尽职调查又称“审慎调查”(due diligence),是指“通常以个人在其调查过程中寻求合适的法律要求或解除义务时应保持合理的谨慎”[①]。从实务操作角度分析,是指“尽职调查机构或人员接受委托人委托,在企业或者尽调对象的配合下,采取书面审查、现场查验、面谈、查询、函证、查验、查证、实地调查、计算、复核、访问、网络查询等多种方式,对历史和现实的数据、资料、信息、文件和档案等涉及企业的主体资格、经营情况、知识产权、劳动人事等各方面或某些方面进行全面深入的了解,多发生在企业首次公开募股(IPO)、新三板挂牌、债券发行及企业并购重组、资产重组、融资等业务中”[②]。根据内容的不同,尽职调查可以分为法律尽职调查、财务尽职调查、商业尽职调查、环境尽职调查、税务尽职调查等。

刑事合规尽职调查目前尚无统一定义,其内涵和外延也在

---

① 乔文骏主编:《法律尽职调查实务》,法律出版社 2021 年版,第 1 页。

② 李俭编著:《法律尽职调查完全手册》(第 2 版),法律出版社 2019 年版,第 3 页。

不断探索完善中。笔者结合办理部分刑事合规不起诉案件的经验，暂将其总结概括为：以刑事律师为主导，以财务、税务等专业人员为辅助，根据企业或个人涉案情况，通过查阅卷宗、梳理制度、现场访谈、实地调查、分析检察建议等多种方式，有针对性地深入挖掘涉案企业或个人存在的刑事法律风险，查找违法犯罪原因，为涉案企业防控刑事风险、堵塞制度漏洞、提出合规申请、制定合规计划、开展合规整改等工作收集信息、提出建议并提供决策参考的一种法律服务形式。

刑事合规尽职调查既可以事前开展，防患于未然；也可以事中开展，为启动合规整改做好准备；还可以事后开展，为企业健康可持续发展保驾护航。因此，刑事合规尽职调查，贯穿刑事合规工作开展的始终。其中，与刑事合规不起诉相关的刑事合规尽职调查，一般发生在企业及相关个人被刑事立案或者移送审查起诉之后，是指涉案企业为了查找和消除犯罪原因，提出合规整改申请，制定并有效落实合规整改计划，而启动的专项合规尽职调查。刑事合规尽职调查具有一定的特殊性：

第一，调查的目的不同。刑事合规尽职调查的直接目的是使刑事合规申请材料更具说服力，使刑事合规整改计划更加符合企业合规整改和检察机关办案的工作实际，其根本目的是顺利通过合规整改验收，保障涉案企业健康有序发展。其他尽职调查的主要目的是全面了解交易目标的财务、税务、法律等相关风险，或者评估投资目标的商业价值等，为企业投资、并购、上市等重大决策提供参考。

第二,调查的主体不同。刑事合规尽职调查不但要由专业法律人员开展,而且需以刑事律师为主导。因为,无论是根据刑事卷宗了解案件全貌,查找分析制度漏洞,还是查找分析涉案企业及个人违法犯罪原因,抑或根据尽职调查材料形成的合规申请或合规计划,都需要熟练掌握并运用犯罪学、刑法学、刑事辩护学的基本理论与实操技能。以刑事律师为主导,其他专业律师(如知识产权、反垄断等律师)或人员(如财务、税务、特殊行业等专业人员)为辅助所开展的刑事合规尽职调查,能够最大限度保证尽职调查的过程和结果不偏离刑事合规不起诉这一核心目标。其他如财务、税务、投融资、首次公开募股等尽职调查,一般由具备相应财务、税务或投融资法律知识的专业人员主导,也是基于同样的原理和目的,不再赘述。

第三,调查内容和方法不同。刑事合规尽职调查以涉案犯罪事实和罪名为基础,以犯罪原因分析和合规风险排查为主要内容,其工作方法要求比普通的尽职调查更加有效、深入、具体。如对于企业负责人的访谈不但涉及业务层面,而且还可能涉及其企业及个人成长、发展背景、家庭或家族影响因素等方面,对尽职调查人员的“尽”职调查义务要求更高。其他尽职调查的内容和方法,往往更侧重于具体合同、业务、数据等层面,并不要求对“人”及其背后的影响因素给予过多关注,故对调查主体“尽”职调查义务要求相对较低。

二、刑事合规尽职调查的基本原则

(一)保密原则

刑事合规尽职调查不但可能涉及刑事卷宗中的保密内容，还可能涉及涉案企业的合同、财务、内部制度规范、人员构成、组织机构设置、经营信息、技术信息、客户信息、商业秘密甚至涉案个人的隐私等信息。因此，在刑事合规尽职调查过程中，无论是尽职调查方法、尽职调查过程还是尽职调查结论，都应当坚持最严格的保密要求。可以说，保密原则是刑事合规调查的前提性原则，尽职调查主体与调查对象应尽早签署保密协议，为双方密切配合奠定保密基础。

(二)穿透原则

穿透原则是指在尽职调查过程中通过对涉案企业资金、股权、主体等层层溯源，最大限度追本溯源，还原事实真相的方法和过程。虽然在金融、首次公开募股等领域的尽职调查也遵循穿透性的基本原则，但相较而言，前者的穿透具有一定的有限性，穿透的层级受到业务和实操规范的限制较多。刑事合规尽职调查的穿透，是接近于还原事实真相的极限穿透，这也是刑事合规尽职调查与其他尽职调查最核心的区别之一。因为，只有通过极限穿透才能够无限逼近事实真相，只有做到这一点，才能使刑事合规尽职调查获得的信息满足公安、检察机关的办案要求，从而助力于后续合规计划的制定、整改的落实和最后的验收。

(三)综合原则

综合原则是指刑事合规尽职调查虽然要针对涉嫌犯罪的具体罪名有所侧重地开展专项调查分析，但尽职调查的范围并不局限于财务、税务、运营、管理、投资并购等某一个具体的领域，而是要针对涉案企业及个人实施违法犯罪的主观、客观、内部、外部等多方面原因进行综合调查和分析研判，要通过去粗取精、去伪存真、由小见大、由此及彼的综合性尽职调查工作，在全面了解涉案企业合规风险的基础上，进行综合分析、统筹规划。

三、刑事合规尽职调查的内容与方法

(一)查阅刑事卷宗，了解具体案情

“知己知彼，百战不殆。”刑事合规不起诉的申请和合规整改实际上也是一场博弈，是涉案企业、个人与办案机关在法律效果、社会效果、政治效果实现方法和实现程度上的一场博弈。很难想象，在这样的博弈中，涉案企业和个人如果不能从办案机关的视角去审视自己的行为及其造成的社会危害，如何提起有说服力的合规整改申请，以及如何进行有效的合规整改。因此，刑事合规尽职调查的基础是查阅最能体现办案机关视角和思路的刑事卷宗，而不是在已经由最权威的“尽职调查机构”（侦查机关）作出的“尽职调查报告”（起诉意见书）之外“另起炉灶”，丢了西瓜去捡芝麻。这里需要特别注意的是，刑事卷宗具有一定的保密性，刑事辩护律师之外的其他律师未经办案机关批准不能查阅，刑事辩护律师参与刑事合规的同时亦应遵守相应的执业规范，将参与合规申请和合规整改的情况及时向办案机关通报，与办案机关建立起良性沟通的机制，最大限度地推动合规工作的开展。

（二）调阅规章制度，收集企业资料

通过对企业规章制度的调阅审查，能够对企业组织机构、运行方式、业务流程、重点领域等有一个较为全面的了解，也能够为后续现场尽职调查提供基础素材，使尽职调查人员发现企业应然状态和实然状态之间的差异，有助于分析企业面临的合规风险和产生违法犯罪的具体原因。在规章制度之外，根据企业涉案的案由和涉案人员基本情况，有针对性地收集企业的财务信息、税务信息、人员信息、经营信息、技术信息、客户信息等信息资料，能够使尽职调查人员更加全面细致地了解企业经营管理的基本情况，为后续制定有针对性的合规计划提供有益参考。

(三)深入开展访谈,深挖重点问题

要想真正地了解企业的管理和经营状况,提出有价值的合规方案,单纯靠调查了解企业的基本制度和对外公开的企业信息是远远不够的。有的企业涉案是因为制度不健全,但更多的企业涉案是因为制定的制度没有得到有效落实或者企业管理本身就不规范。这些涉案信息,要结合刑事卷宗中的内容,有针对性地通过和企业工作人员面谈、实地走访调查来深入挖掘。需要注意的是,尽职调查律师的特殊身份和企业涉案的敏感信息,往往会导致涉案企业的工作人员在访谈交流中存在一定的思想顾虑,甚至不敢如实陈述其所了解的相关信息。这一点应当在正式访谈之前,由专业人员为受访对象在访谈的语境、心境、环境和保密性方面做好铺垫,并且在访谈提纲中提前作出相应的设计和应对方案,最大限度获取有效的尽职调查信息。

(四)多方综合信息,提出意见建议

根据涉案企业规模和涉案领域、人员范围等的不同,尽职调查的工作内容和方法也会有所不同。对于尽职调查范围较广、人员较多的案件,尽职调查团队往往会分工进行。此外,即便同一尽职调查团队从不同渠道获得的尽职调查信息,也可能会出现明显的矛盾之处,这就需要尽职调查团队将多方

获取的尽职调查信息进行综合评估、去粗取精、交叉验证、去伪存真。当然综合信息并不是尽职调查的目的，根据尽职调查获取并综合后的信息，分析涉案企业及其工作人员的涉案原因，提出符合企业实际和办案机关要求的合规计划和整改建议，有效推动合规整改工作才是刑事合规尽职调查的目的。因此，所有尽职调查信息的筛选和综合工作，都要围绕着上述目的进行，最后统一由合规团队根据上述信息提出有价值的合规建议。

（五）形成尽职调查报告，听取意见反馈

刑事合规尽职调查工作结束之后，应当及时将调查的过程、方法、内容和结论（含合规风险提示、合规计划与整改建议等）呈现给涉案企业及其负责人，听取涉案企业及其负责人的反馈意见。

对于涉案企业和企业家提出的合理意见，合规团队应当予以吸纳；对于存在争议的意见，双方应本着对企业和企业家负责的原则进一步研究商讨。但是，对于涉案企业和企业家明确不同意的尽职调查内容，如何沟通和处理是此项工作的难点。对此，应当坚持委托人利益至上的基本原则，从专业角度与涉案企业及其负责人从法律、政策、企业长远发展等方面综合评估分析，争取获得企业和企业家的理解支持。如果经过有效沟通仍然无法达成一致意见，基于刑事合规尽职调查的权利来源于客户的委托这一基础事实,在充分沟通之后,刑事合规团队应当及时转换工作思路,在依法依规的前提下帮助企业和企业家继续推进相关工作。

第四章　刑事合规整改的实施

第一节　全面落实合规检察建议

一、什么是合规检察建议

要明确什么是合规检察建议，我们可以先了解什么是检察建议。

2019年2月26日，最高人民检察院发布《人民检察院检察建议工作规定》，其中第2条明确规定："检察建议是人民检察院依法履行法律监督职责，参与社会治理，维护司法公正，促进依法行政，预防和减少违法犯罪，保护国家利益和社会公共利益，维护个人和组织合法权益，保障法律统一正确实施的重要方式。"其第5条列明："检察建议主要包括以下类型：（一）再审检察建议；（二）纠正违法检察建议；（三）公益诉讼检察建议；（四）社会治理检察建议；（五）其他检察建议。"《人民检察院检察建议工作规定》第二章对检察建议的适用范围作了说明,其中第11条是检察机关可以针对社会治理范畴提出检察建议的阐述,包括涉案单位在预防违法犯罪方面制度不健全、不落实,管理不完善,存在违法犯罪隐患,需要及时消除等内容。[①] 从上述规定来看,合规检察建议更接近于社会治理检察建议。"其中,社会治理检察建议,主要针对检察机关在履行检察职责过程中发现的违法犯罪隐患、管理监督漏洞、风险预警和防控问题向有关单位(包括但不限于企业)提出的。因此,作为检察机关在办案过程中向涉案企业所提出的建立或完善合规管理体系的一种检察建议,企业合规检察建议在性质上显然属于社会治理检察建议的范畴。"[②]

2021年6月3日,最高人民检察院等九部门联合发布的《关于建立涉案企业合规第三方监督评估机制的指导意见(试行)》,可视为2020年3月全国涉案企业合规整改启动之后的

---

① 参见《人民检察院检察建议工作规定》第11条规定:"人民检察院在办理案件中发现社会治理工作存在下列情形之一的,可以向有关单位和部门提出改进工作、完善治理的检察建议:(一)涉案单位在预防违法犯罪方面制度不健全、不落实,管理不完善,存在违法犯罪隐患,需要及时消除的;(二)一定时期某类违法犯罪案件多发、频发,或者已发生的案件暴露出明显的管理监督漏洞,需要督促行业主管部门加强和改进管理监督工作的;(三)涉及一定群体的民间纠纷问题突出,可能导致发生群体性事件或者恶性案件,需要督促相关部门完善风险预警防范措施,加强调解疏导工作的;(四)相关单位或者部门不依法及时履行职责,致使个人或者组织合法权益受到损害或者存在损害危险,需要及时整改消除的;(五)需要给予有关涉案人员、责任人员或者组织行政处罚、政务处分、行业惩戒,或者需要追究有关责任人员的司法责任的;(六)其他需要提出检察建议的情形。"

② 李奋飞:《论企业合规检察建议》,载《中国刑事法杂志》2021年第1期。

法律文件指引，其中第 14 条第 1 款规定："人民检察院在办理涉企犯罪案件过程中，应当将第三方组织合规考察书面报告、涉案企业合规计划、定期书面报告等合规材料，作为依法作出批准或者不批准逮捕、起诉或者不起诉以及是否变更强制措施等决定，提出量刑建议或者检察建议、检察意见的重要参考。"第 14 条第 2 款规定："人民检察院发现涉案企业在预防违法犯罪方面制度不健全、不落实，管理不完善，存在违法犯罪隐患，需要及时消除的，可以结合合规材料，向涉案企业提出检察建议。"

检察机关向涉案企业出具的合规检察建议，主要包括：(1)案件的基本情况；(2)涉案企业存在的合规风险；(3)涉案企业合规整改建议等内容。从涉案企业来看，最核心、最需要认真研读和关注的，莫过于涉案企业合规整改建议部分。恰因为涉案企业在违法犯罪方面制度不健全或不落实、管理不完善，才导致涉案企业或涉案企业经营管理人员实施与企业生产经营活动密切相关的犯罪。

合规检察建议的核心功效可以总结为四个字"精准问诊"，检察机关在知晓涉案企业的全部症结之后，向涉案企业提出合规检察建议，指导涉案企业扎实开展合规建设，并督促涉案企业在合规整改的过程当中构建有效的合规整改体系，使合规检察建议对于涉案企业来说做到"真合身""真管用"。

检察建议书

实例参考

×××公司：

本院在办理你公司涉嫌×××罪一案中发现，你公司在×××方面制度不健全、管理制度存在漏洞，因此引发了相关违法犯罪风险隐患，你公司需要采取相关措施及时消除。

本院经审查核实，×××（公司的犯罪事实）……

上述事实，有×××等书证，证人证言，×××司法鉴定意见书等证据证明。

该案件暴露出你公司存在以下问题：

……

为加强企业管理，防范化解营业风险，杜绝此类案件再次发生，本院根据×××之规定，提出如下检察建议：

一、加强×××法治学习宣传，提升守法意识

……

二、健全×××责任制度，确实×××责任

……

三、依法开展生产经营活动，落实安全生产责任

……

四、建立合规管制度体系，强化规范经营

……

为了规范市场经济，本院依据《中华人民共和国人民检察院组织法》第二十一条、《人民检察院检察建议工作规定》第十一条，向你公司提出检察建议，请你公司在收到本建议书后及时研究落实，并在收到建议书后×个月内向本院书面回复开展相关工作情况。

联系人：×××

联系电话：×××

××××年××月××日

附：

《中华人民共和国人民检察院组织法》

第二十一条　人民检察院行使本法第二十条规定的法律监督职权，可以进行调查核实，并依法提出抗诉、纠正意见、检察建议。有关单位应当予以配合，并及时将采纳纠正意见、检察建议的情况书面回复人民检察院。

抗诉、纠正意见、检察建议的适用范围及其程序，依照法律有关规定。

《人民检察院检察建议工作规定》

第十一条　人民检察院在办理案件中发现社会治理工作

存在下列情形之一的，可以向有关单位和部门提出改进工作、完善治理的检察建议：

（一）涉案单位在预防违法犯罪方面制度不健全、不落实，管理不完善，存在违法犯罪隐患，需要及时消除的；

（二）一定时期某类违法犯罪案件多发、频发，或者已发生的案件暴露出明显的管理监督漏洞，需要督促行业主管部门加强和改进管理监督工作的；

（三）涉及一定群体的民间纠纷问题突出，可能导致发生群体性事件或者恶性案件，需要督促相关部门完善风险预警防范措施，加强调解疏导工作的；

（四）相关单位或者部门不依法及时履行职责，致使个人或者组织合法权益受到损害或者存在损害危险，需要及时整改消除的；

（五）需要给予有关涉案人员、责任人员或者组织行政处罚、政务处分、行业惩戒，或者需要追究有关责任人员的司法责任的；

（六）其他需要提出检察建议的情形。

需要注意的是，检察机关不仅有权出具《检察建议书》，还有可能会制发《检察意见书》，上述两份文书存在些许差异。首先，《检察建议书》由检察机关发往涉案企业，涉案企业收到之后，应依据建议书当中的检察建议作出相应整改，而《检察意见书》由检察机关发往有权作出行政处罚等措施的行政机关。例如,若涉案企业涉嫌滥伐林木罪,检察机关可向相关林业局发出《检察意见书》,建议该局对涉案企业及相关责任人员以滥伐林木价值的×倍至×倍进行处罚,并要求林业局依法作出处理之后,将处理结果通知检察机关。其次,《检察建议书》存在"前置性",一般是在检察机关认为涉案企业初步符合刑事合规整改的相关条件时,由检察机关向涉案企业出具;而《检察意见书》则有"后置性"的特征,是在检察机关制发不起诉决定书之后,向具有行政处罚权力的行政机关发送的行政处罚建议。

二、如何解读合规检察建议

最高人民检察院发布的《人民检察院检察建议工作规定》第 16 条第 2 款列明:"检察建议一般包括以下内容:(一)案件或者问题的来源;(二)依法认定的案件事实或者经调查核实的事实及其证据;(三)存在的违法情形或者应当消除的隐患;(四)建议的具体内容及所依据的法律、法规和有关文件等的规定;(五)被建议单位提出异议的期限;(六)被建议单位书面回复落实情况的期限;(七)其他需要说明的事项。"检察机关出具的合规检察建议同样大致包含上述内容,合规检察建议更像是针对涉案企业的合规整改建议,目的是就涉案企业已经存在的违法行为,一针见血地提出整改意见,帮助涉案企业尽快合规。

就检察建议的主要内容,我们逐一展开说明:

1. 案件或者问题的来源部分,主要包括案件的移送机关、移送时间、诉讼阶段、查处情况等内容。

2. 依法认定的案件事实或者经调查核实的事实及其证据,是对涉案企业及所涉案件基本情况的高度概括,言简意赅、一目了然地对案件事实进行呈现。该部分一般在检察建议书的第二段,以“经本院审查核实”开头。

3. 存在的违法情形或者应当消除的隐患,属于整个合规检察建议的重点内容。主要包括涉案企业内部治理结构问题、人员管理问题、规章制度问题、内部流程履行问题等,是检察机关向涉案企业提出已存在的问题。例如,2022 年 7 月 21 日,在最高人民检察院发布的《涉案企业合规典型案例(第三批)》案例一“上海 Z 公司、陈某某等人非法获取计算机信息系统数据案”中,上海市普陀区人民检察院经实地走访 Z 公司,查看其经营现状以及会同监管部门研商公司运营情况,向 Z 公司提出其存在管理层及员工重技术开发、轻数据合规等问题,存在管理盲区、制度空白、技术滥用等合规风险。

4. 建议的具体内容及所依据的法律、法规和有关文件等的规定,亦属于整个合规检察建议的重中之重,即整个合规整改建议的核心。

该部分内容是检察机关对于涉案企业和所涉案件均有充分了解,并在提出涉案企业存在的违法情形之后,向涉案企业提出的整改要求；根据具体案件的具体情况，主要从企业合规管理体系的建立或修订完善、企业合规标准的确定、企业合规管理体系的保障等方面进行阐述；因案制宜，围绕个案合规专项计划精准“开方”。

（1）企业合规管理体系的建立或修订完善，对于尚未建立企业合规管理体系的企业，告知其设立的必要性和重要性，对于已经存在企业合规管理体系但体系存在漏洞或实施不到位的企业，告知其完善的紧迫性。

（2）企业合规标准的确定，主要包括涉案企业在经营活动中，具体以杜绝再发生涉案行为作为出发点，明确企业合规的方式方法。

（3）企业合规管理体系的保障，主要包括涉案企业应当作出的具体行动，即在资金、人员、制度、文化等诸多方面为推行企业合规管理体系而采取的保障措施。

例如，在《涉案企业合规典型案例（第三批）》案例一“上海Z公司、陈某某等人非法获取计算机信息系统数据案”中，普陀区人民检察院提出的合规检察建议，即是从数据合规管理、数据风险识别、评估与处理、数据合规运行与保障等方面提出的整改建议。

（4）被建议单位提出异议的期限、被建议单位书面回复落实情况的期限等，拟定在合规检察建议书的结尾部分，由检察机关注明。

三、如何落实合规检察建议

落实合规检察建议，核心点是落实检察机关出具的合规检察建议当中的“建议的具体内容”，也即检察机关向涉案企业提出的整改要求。

仔细研读，并逐一落实，是对检察机关提出合规检察建议当中“建议的具体内容”最好的回复。检察机关会根据涉案企业的违法犯罪事实，逐一写明涉案企业需要落实的整改内容。“谁来读”，也是如何落实检察建议的一个重要问题。收到检察机关出具的检察建议之后，不能慌乱和盲目，否则会使非常重要的检察建议无法得到最大限度的解读。

首先，笔者建议涉案企业召开股东会或股东大会、董事会和监事会，先就检察建议进行全面下发，并就检察建议的内容进行全面商议。进行合规整改，必定会使涉案企业日后的经营产生较大变化，无论是企业内部机构、部门，还是日常经营过程，都会有显著不同。召开股东会或股东大会、董事会和监事会，能够在决策层对此进行初步解读，有其必要性。其次，在收到检察机关提出的合规整改建议之后，建议聘请专业律师团队辅助涉案企业作出符合涉案企业自身的合规整改计划，挨个落实，逐一解决。专业的律师合规团队，往往涵盖熟悉刑事辩护、企业管理、企业风险防控等多领域业务的律师，能够全方位帮助涉案企业找到契合合规整改的方式和方法。最后，建议涉案企业召集与此次整改相关的部门负责人进行商讨，在企业实际运营过程中，每个部门都有可能发现或多或少的问题，而就着刑事合规整改这一契机，不仅可以了解到企业在日常运营中存在的问题，还可就此次刑事合规整改能否顺利推进，能否顺利实施整改内容，做好调查和打下基础。

笔者继续以《涉案企业合规典型案例（第三批）》案例一“上海Z公司、陈某某等人非法获取计算机信息系统数据案”举例，Z公司积极整改，并聘请法律顾问制定数据合规专项整改计划，并通过第三方监督评估组织吸纳网信办、知名互联网安全企业、产业促进社会组织等的专家成员，通过询问谈话、走访调查、审查资料、召开培训会等形式，全程监督Z公司的数据合规整改工作，从数据来源合规、数据安全合规、数据管理制度合规等方面进行整改，并建立数据合规委员会，制定常态化合规管理制度，开展合规年度报告工作。

第二节　积极修补法益损失

一、自愿认罪认罚

涉案企业拟计划进行合规整改，或检察机关认为涉案企业可以开展合规整改的，是否必须要求涉案企业或实施了与生产经营活动密切相关犯罪的企业经营管理人员认罪认罚？

2021年6月3日，最高人民检察院等九部门联合发布《关于建立涉案企业合规第三方监督评估机制的指导意见（试行）》，其中第4条将涉案企业、个人认罪认罚作为符合涉企犯罪案件可以进行企业合规试点以及适用第三方监督评估机制的第一要件："对于同时符合下列条件的涉企犯罪案件，试点地区人民检察院可以根据案件情况适用本指导意见：（一）涉案企业、个人认罪认罚；（二）涉案企业能够正常生产经营，承诺建立或者完善企业合规制度，具备启动第三方机制的基本条件；（三）涉案企业自愿适用第三方机制。"根据最高人民检察院《关于开展企业合规改革试点工作方案》，企业合规与依法适用认罪认罚从宽制度和检察建议相结合，通过适用认罪认罚从宽制度等，检察机关对涉企案件做到依法能不捕的不捕、能不诉的不诉、能不判实刑的要提出判缓刑的量刑建议，督促企业建立合规制度，履行合规承诺。

由此可以看出，涉案企业及相关责任人员自愿接受认罪认罚，是涉案企业能够进行合规整改的前提。

认罪认罚从宽制度中的"认罪"是指犯罪嫌疑人、被告人自愿如实供述自己的罪行，对指控的犯罪事实没有异议；认罪认罚从宽制度中的"认罚"是指犯罪嫌疑人、被告人真诚悔罪，愿意接受处罚。只有涉案企业对于已经发生的违法犯罪事实有正确认识并全面整改,检察机关代表国家才愿意给涉案企业一个改过自新的机会。

二、停止违法行为

2022 年 4 月 19 日,最高人民检察院等九部门联合发布的《涉案企业合规建设、评估和审查办法(试行)》第 3 条规定:“涉案企业应当全面停止涉罪违规违法行为,退缴违规违法所得,补缴税款和滞纳金并缴纳相关罚款,全力配合有关主管机关、公安机关、检察机关及第三方组织的相关工作。”因此,全面停止违法违规行为,也应当作为涉案企业合规整改的前提之一。

例如,2021 年 12 月 15 日,在最高人民检察院发布的《企业合规典型案例(第二批)》案例五“深圳 X 公司走私普通货物案”中,案发后,深圳 X 公司规范了报关行为,主动补缴了税款。2023 年 1 月 16 日,在最高人民检察院发布的《涉案企业合规典型案例(第四批)》案例二“山东潍坊 X 公司、张某某污染环境案”中,山东潍坊 X 公司成立专项合规建设领导小组,主动聘用外部专家及外部合规顾问(包括国家级、省级及世界银行专家库的环境专家)协助合规整改,重点对安全生产环节、危废物处置环节进行了检查整改,在停止违法违规行为的前提下,对未来预防非法倾倒危险废物作出整改努力。

需要注意的是,涉案企业停止违法行为,应当是指涉案企业停止一切已经发生、正在发生、即将可能发生的违法违规行为，不仅包括与合规整改所涉罪名相同的违法行为，也包括其他种类的违法违规行为。例如，涉嫌环境污染的企业在合规整改期间，不仅要防止再次发生污染环境，还应当杜绝商业贿赂、虚假招投标等其他各种类的违法违规行为。

三、退缴违法所得

2022 年 4 月 19 日，最高人民检察院等九部门联合发布的《涉案企业合规建设、评估和审查办法（试行）》第3 条规定："涉案企业应当全面停止涉罪违规违法行为，退缴违规违法所得，补缴税款和滞纳金并缴纳相关罚款，全力配合有关主管机关、公安机关、检察机关及第三方组织的相关工作。"

例如，2021 年 12 月 8 日，在最高人民检察院发布的《企业合规典型案例（第二批）》案例六"海南文昌市 S 公司、翁某某掩饰、隐瞒犯罪所得案"中，翁某某经公安机关传唤到案后，如实供述了犯罪事实，自愿认罪认罚，退缴的赃款125 万余元予以没收，上缴国库。2023 年 1 月 16 日，在最高人民检察院发布的《涉案企业合规典型案例（第四批）》案例三"山西新绛南某某等人诈骗案"中，张某乙在生产车间作业时遭机器轧伤右手，因公司未给工人张某乙缴纳工伤保险，为避免企业承担高额赔偿金，南某某安排张某甲为张某乙于9 月9 日补缴工伤保险，并采取出院再二次入院的手段，虚构张某乙受伤时间，骗取工伤保险赔偿款26万余元，案发后L公司将26万余元返还社保中心。

笔者提示，涉案企业应当退缴的违规违法所得，是指全面退缴，即在本次犯罪事实当中的全部涉案金额，而不能是部分退缴。另外，涉案企业退缴违法所得的时间也应当及时，所谓的合理时间范围，虽没有明确的法律规定，但是涉案企业若能够在案发之后第一时间退缴，也能反映出涉案企业的认错态度，以及自愿进行合规整改的决心。

四、配合整改工作

涉案企业全力配合有关主管机关、公安机关、检察机关及第三方监督评估组织的相关工作，是指涉案企业应当如实遵照检察机关提出的合规整改建议，并按照经过检察机关批准的合规整改计划书进行合规整改，不得假借合规整改之名为涉案企业或相关责任人员脱罪，应当使出壮士断腕的决心，为涉案企业"刮骨疗伤"，以绝后患。

例如，2023年1月16日，在最高人民检察院发布的《涉案企业合规典型案例(第四批)》案例一"北京李某某等9人保险诈骗案"中，李某甲等人均系C集团子公司的员工，2019年至2021年，李某甲等人共实施14起保险诈骗行为，骗保金额共计41万余元，在企业合规整改期间，C集团子公司主动提出愿意承担企业责任,希望进行企业合规整改。

第三节　有效完成整改计划

2022 年 4 月 19 日,最高人民检察院等九部门联合发布的《涉案企业合规建设、评估和审查办法(试行)》第 9 条规定:“涉案企业应当为合规管理制度机制的有效运行提供必要的人员、培训、宣传、场所、设备和经费等人力物力保障。”可以看出,要想有效完成合规整改计划,必然需要人员上的支持、经费上的保障、相关制度的建立、场所和设备的准备、专业人员的辅助等诸多努力。

一、组织保障

在整个合规整改计划中,人是最核心的因素。只有涉案企业有符合合规相关条件的人员,能够胜任合规的相关工作,才可以使涉案企业顺利开展合规整改工作。

1. 设立合规部门和首席合规官职位

在涉案企业设立合规委员会和合规部门,同时设立首席合规官或合规负责人这一职位,该职位隶属于合规委员会和合规部门,合规委员会和合规部门应当独立于涉案企业的其他部门，根据企业内部规章制度，独立履行合规管理职责。首席合规官及合规管理人员应当对企业的风险及时预警，并由涉案企业开辟专门办公室由合规部门单独使用。合规委员会和合规部门应当做到客观独立，并依照事前防范、事后管理的原则，在涉案企业业务全流程及全方位经营过程中起到全程指导和决策的重要作用。

合规委员会的组成人员可以由涉案企业的董事长或总经理、首席合规官或合规负责人、外聘的法律顾问等人员组成。首席合规官或合规负责人可列席涉案企业的董事会会议，就合规事项发表独立意见。

合规部门人员可以包括具体负责企业合规事宜的相关工作人员。合规部门的员工不得兼职担任企业内部其他任何职务，以此保障合规部门人员的中立性。

2. 确定一名合规联络员

在合规部门当中确定一名合规联络员，该联络员可以是首席合规官或合规负责人本人，也可以是合规部门当中的某一名员工。合规联络员的职责在于负责对外与其他部门或第三方监督组织进行沟通联络，负责相关信息的传达和反馈，类似于上市公司“董事会秘书”这一岗位。

3. 聘任有风险控制经验的员工就职

就合规部门而言，建议涉案企业选择在公司治理方面或有风险控制经验的员工就职，具体负责开展涉案企业的合规工作。涉案企业以刑事涉案为契机,刑事合规整改不仅是为其自身争取合规从宽的机会,也是为企业将来能够持续合规经营奠定基础。因此合规部门的人员,必须实实在在地开展具体合规事宜,不得受到其他任何阻力的干扰。

二、资金保障

合规整改将会使涉案企业内部发生较大的变化,从合规委员会和合规部门等合规管理体系的建立,到合规人员就位开展合规工作,都应当由涉案企业单独提供相应资金。资金保障要求企业提供合规资金,并确保合规资金的专款专用。企业应将合规相关制度、机制、人员等方面的资金保障纳入专项预算,完善资金使用流程,监控合规资金使用用途。例如,2021 年 12 月 8 日,在最高人民检察院发布的《涉案企业合规典型案例(第二批)》案例五“深圳 X 公司走私普通货物案”中,深圳 X 公司制定了专项预算,为企业合规体系建设和维护提供持续的人力和资金保障。

在制度方面可同时建立货币资金或专项资金的规章制度。例如,涉案企业涉嫌单位行贿罪,涉案企业可建立和完善企业货币资金管理方面相关的规章制度,包括《货币资金管理办法》《财务管理制度》《财务管理内部控制制度》《货币资金管理办法》《财务报销管理规定》《专项资金管理办法》《预算管理暂行办法》等，就资金保障提供制度依据。

涉案企业提供资金保障的重要性在于，合规委员会和合规部门的合规人员，能够在没有后顾之忧的情况下完全独立地就合规事宜提出意见。有充足的资金保障，可以使涉案企业的合规事宜顺利推进，也使合规人员在巨大非法利益面前不容易动摇，保障企业合规人员的廉洁性和中立性。

三、制度保障

涉案企业进行合规整改制度保障方面，可以分为两个层次进行建立和实施。

第一个层次，应当通过制度明确合规委员会和合规部门的工作职责和职权范围，否则新设立的合规委员会和合规部门，新建的首席合规官或合规负责人这一岗位，将沦为虚职和空谈。由于合规委员会可由涉案企业的董事长或总经理、首席合规官或合规负责人、外聘的法律顾问等人员组成，合规委员会成员可视为保障涉案企业合法合规运营的最核心成员。

合规委员会负责明确涉案企业的合规管理战略，确认涉案企业合规管理的未来目标，并指导涉案企业朝着合法合规的方向前进，同时还需要建立和完善涉案企业内部合规管理体系；审批由合规部门提交的合规管理制度，依职权审查和批准重大合规项目，并对合规部门提交的其他工作进行指导和监督。

笔者提示,合规委员会成员中包括涉案企业的董事长或总经理,然而国内很多民营企业,不论是大型企业还是中小型企业,或多或少存在董事长或总经理“一言堂”的情况,因此更需要在合规委员会的工作职责和职权当中确认,涉案企业的董事长或总经理不存在“一票否决权”等特殊权利,以避免合规委员会的建立无法起到客观中立的作用。

合规部门则具体负责涉案企业日常的合规工作,不仅包括刑事合规整改过程中有针对性地建立合规管理体系、制定合规手册,以及完善和修订其他企业风险管理规章制度,还包括日常工作当中常态化的合规管理工作,其保障涉案企业在合规整改之后仍然能够继续合规经营。

第二个层次,则是在涉案企业内部建立或完善相关规章制度,通过涉案企业自查,以及外聘专业团队进行尽职调查,对涉案企业内部的规章制度进行查漏补缺,不仅有针对性地对涉案罪名进行整改,也使涉案企业在日后的经营当中能够做到合法合规、有章可依。

四、机制保障

如何建立一套完整的合规管理工作流程,是合规工作开展的重点。将理论知识付诸实践,仍需要讲究一些方式方法。

首先,应当建立正式的合规风险评估流程,由合规部门拟定，经由合规委员会审批通过，下发至全公司施行。涉案企业可以建立双向风险评估机制，由合规部门全面梳理经营管理活动中的合规风险，建立并定期更新合规风险数据库，对风险发生的可能性、影响程度、潜在后果等进行分析，出具相应分析报告并予以公布，对典型性、普遍性或者可能产生严重后果的风险及时预警；再由各业务部门管理层人员、定期选举的员工代表与合规部门一起确定和评估部门所面临的合规风险。各业务部门以月或年为单位轮换进行自下而上的风险评估，并将廉洁从业作为合规重点，将财务部门、资产部门、招采部门等作为合规重点监督部门。

其次，设立违规投诉平台，公布举报电话、邮箱或者信箱，规定所有员工均可向其主管、人事经理、合规负责人或指定处理投诉的内部组织投诉。所有投诉均秘密且匿名提交，建立保护机制，防止投诉人被打击报复。重大决策事项的合规审查意见由首席合规官签字，对决策事项的合规性提出明确意见。业务及职能等部门可以依据职责权限向合规管理部门提出完善审查标准、流程的意见，由合规管理部门进行制度完善，并定期对审查情况开展后续跟进和评估。

再次，可以建立违规行为追责问责机制，明确责任范围，细化问责标准，制定具有可操作性的全面追责问责文件，通过集体同意等方式赋予相关文件的共同遵守的基础，并及时进行公布与更新。在调查程序终结后，及时按照有关规定严肃追究违规人员责任。

最后,常态化的开展考核评价,搭建有效性评估机制,由管理层成员与合规部门工作人员积极主动的推进,确保合规贯彻执行,定期监督检查单位及下属员工遵守法律法规和执行合规准则的情况,根据量化表格进行合规有效性评估并对评估结果及时予以公布,对出现的问题及时解决;及时更新量化评估标准,将阶段性合规有效性评价结果纳入对单位及下属员工的考核评价范围。针对单位的具体情况,在不同阶段制定不同的考核评价体系,对于考核评价不达标的情况,及时督促调整和改进,发挥考核评价对合规的促进作用。

五、专业保障

现在,越来越多的企业不仅专设法务专员岗位,也愿意付费聘请外部专业律师团队。由于法务专员岗位的局限性和角色性,使企业内部法务人员不论是在专业知识上还是在中立立场上,都无法完全主导涉案企业合规整改全流程。

外部专业合规律师团队,是由刑辩律师和熟悉公司业务的律师组成的专业团队,不仅能够敏锐地判断涉案企业在刑事犯罪上的严重问题,还能够娴熟运用公司类法律为涉案企业提供专业的法律服务。不仅如此,专业的律师团队往往兼具法律思维和商业思维,不论是公司的治理,还是商业模式,都能够结合企业的运作方式和行业规则进行综合考虑。

因此,聘请外部专业合规律师团队,为单位搭建合规体系,进行全面、深入合规体检,并作为常态化第三方为企业合规提供监督、指导,非常有必要。

第四节　聘请外部团队预评估

一、什么是预评估

在合规整改的全流程中,评估是重要的一环。第三方监督评估组织出具的评估结果,即合规考察书面报告,将作为人民检察院依法作出批准或者不批准逮捕、起诉或者不起诉以及是否变更强制措施等决定,提出量刑建议或者检察建议、检察意见的重要参考。第三方监督评估组织会对涉案企业的合规承诺进行调查、评估、监督和考察,查明涉案企业是否按照合规整改计划当中所列明的内容进行整改。第三方监督评估组织会对涉案企业合规整改计划的可行性、有效性与全面性进行审查,并提出修改完善的意见、建议。

涉案企业如何才能确保顺利通过第三方监督评估组织的考察?涉案企业可以考虑将评估这一环节前置,即聘请外部专业团队对涉案企业进行预评估。

所谓预评估，是指依据《涉案企业合规建设、评估和审查办法（试行）》和《关于建立涉案企业合规第三方监督评估机制的指导意见（试行）》等相关规定，由涉案企业聘请专业外部团队就涉案企业在合规考察期届满前后的合规整改计划完成情况进行全面预评估，初步判断涉案企业合规计划的有效性和全面性。

二、为什么要进行预评估

由于涉案企业在合规整改过程中，对于自身的合规建设缺乏明确认知，涉案企业即便严格按照合规整改计划进行推进，也可能不确定其是否能通过第三方监督评估组织对于涉案企业合规整改的验收。第三方监督评估组织出具评估结果的重要性在于，其直接决定涉案企业是否成功完成合规整改。若合规整改验收未能通过，则合规从宽或合规不起诉的目的必然无法达成。

因此，涉案企业可以聘请外部专业团队进行预评估，对涉案企业的合规整改结果作出预判。预评估的主要目的，是及时发现涉案企业在企业合规整改方面存在的一些问题，并为涉案企业争取一定时间以继续整改，以便在将来正式评估时能够顺利通过。

预评估和“事前合规”存在一定差异：预评估归根结底仍属于“事后合规”的一部分，是涉案企业为获得合规从宽或合规不起诉处理，针对涉及刑事犯罪风险进行的合规整改；而“事前合规”更多的是还未涉罪的企业为了预防合规风险而建立的常态化合规管理体系。预评估只是将之后由第三方监督评估组织的评估环节前置，通过预评估来判断涉案企业的合规整改效果。由于评估环节出具的评估结果具有“一次不可逆性”，致使合规整改得以通过，则涉案企业或相关责任人员可能会受到不起诉的从宽处理结果，但若未能通过第三方监督评估组织的评估审查，涉案企业或相关责任人员则将丧失合规整改从宽或合规不起诉的机会。

三、如何进行预评估

不论是《关于建立涉案企业合规第三方监督评估机制的指导意见（试行）》《第三方监督评估机制实施细则》，抑或《涉案企业合规建设、评估和审查办法（试行）》，均未对第三方监督评估组织如何进行评估、验收作出详细规定，使涉案企业对于其合规整改是否能够通过第三方监督评估组织的检验，存在不确定性。

在 2020 年 12 月 30 日最高人民检察院召开的企业合规试点工作座谈会上，原检察长张军指出：“企业的合规承诺想要落实落地，就必须建设好、使用好第三方监管机制，第三方包括律师、审计师、会计师，也可以包括工商联、企业协会等。检察机关要会同公安、法院及市场监管等部门，发挥好指导、监督作用。”[①]2021年6月3日，最高人民检察院等九部门联合发布的《关于建立涉案企业合规第三方监督评估机制的指导意见（试行）》写明，第三方监督评估组织将对涉案企业合规计划的可行性、有效性与全面性进行审查，涉案企业聘请的外部专业团队可从这三方面进行预评估。[②]

（一）从方式方法角度

涉案企业外聘的专业团队应当实地走访涉案企业，充分了解涉案企业合规整改的完成情况，并对于发现的问题及时提出完善建议。

（二）从时间角度

外部专业团队可以在涉案企业合规整改期限届满之前选择一个时间节点进行预评估，但是应当给予涉案企业充分的时间就预评估发现的问题作出进一步完善和整改，并要求涉案企业将全部合规整改内容以及补救整改情况向外部专业团队进

① 张军：《创新检察履职　助力构建中国特色的企业合规制度》，载最高人民检察院网，https://www.spp.gov.cn/tt/202012/t20201227_503711.shtml。

② 《关于建立涉案企业合规第三方监督评估机制的指导意见（试行）》第12条第1款规定：第三方组织应当对涉案企业合规计划的可行性、有效性与全面性进行审查，提出修改完善的意见建议，并根据案件具体情况和涉案企业承诺履行的期限，确定合规考察期限。

行阐明。

(三)从预评估内容角度

首先,应当判断涉案企业是否停止违法行为、修复受损法益,这可以显示出涉案企业痛改前非的决心。

其次,对于涉案企业在合规整改计划当中写明设立合规部门或合规岗位的,考察其是否已经建立并开始履行相关职责,合规架构是否已经搭建完毕。

再次,涉案企业拟建立或完善的企业内部规章制度,检查其是否均已完成,核查是否已履行企业内部流程下发或通知全部员工开始实施。

最后,对于企业合规文化的推行情况,考察其是否已建立日常监控、举报机制,是否开始就合规事宜在公司内部通过培训等多种方式向所有企业员工传达。

另外,外部专业团队还应当注意,在对涉案企业合规整改情况进行预评估时,还应当关注涉案企业是否存在涉及其他种类刑事犯罪的情况,即涉案企业是否还存在其他漏罪或新罪。

第五节　撰写合规整改工作报告

合规整改工作报告是涉案企业就其合规整改的执行向检

察机关所作的定期汇总,涉案企业应按照检察机关要求的频率和时间,向检察机关展示自己的合规整改成果。该报告是未来合规整改是否能够通过验收的汇报性文件,其中既包含合规整改计划,也包括已经履行的合规整改事项和未来计划继续实施的合规整改内容等。

合规整改工作报告可以大致分为六个部分,分别为"合规整改原因""犯罪原因分析""合规计划概述""完成计划情况""未来工作计划""总结与反思"。

一、合规整改原因

涉案企业为什么需要进行合规整改,是涉案企业启动合规整改的大前提。正所谓"知耻而后勇",涉案企业因为触犯相关法律,正在接受相关司法机关的审查,为了得到改过自新的机会,涉案企业应当向检察机关表明其已经深刻认识到违反法律的严重性,并应当详细写明整个违法犯罪事实,才能让检察机关相信涉案企业已经完全自省,并意识到其行为的违法性。涉案企业所制定的严密完备的合规整改计划,表明涉案企业能够按照正确的方向实施整改。

合规整改原因

实例参考

×年×月，××对××涉嫌×××案立案侦查，同日被××刑事拘留。×年×月，××被贵院批准逮捕。

本次涉嫌的刑事案件，让公司深刻认识到法律意识的淡薄会造成非常严重的后果。公司及公司经营者，均保证痛改前非，绝对杜绝类似的事情再次发生，全面提升公司和员工环保意识，合法合规开展经营活动。×年×月×日公司向贵院提交《合规整改申请书》，望贵院能够给公司一个机会进行合规整改。

×年×月×日，公司收到贵院的《检察建议书》，其中就公司环保责任意识不强、公司内部管理制度不完善、缺乏基本法律意识等问题导致本案发生提出检察建议：一是加强生态法治学习、提升环保意识；二是健全环保制度、落实全员环保责任；三是依法开展经营活动；四是建立合规制度体系等。

公司在收到贵院的《检察建议书》之后高度重视、认真研读，为防止此类事情再次发生，并积极制定相关方案进行最大限度的补救，已安排相关人员跟进并配合合规整改工作。

二、犯罪原因分析

在前述合规整改计划书中,涉案企业已经对其犯罪成因进行了深入分析,除了对其自身问题进行反省和忏悔,更是为了打动检察机关,让检察机关相信涉案企业有改过自新的决心。因涉案企业在合规整改计划当中对犯罪原因已经作出了详细分析,故在合规整改工作报告当中,可就犯罪原因分析作简要表达。

涉案企业对于犯罪成因进行深入分析,是发现自我问题的重要环节。只有深入剖析企业在实际运营中存在的问题和漏洞,才能为后续制定合规整改计划奠定扎实的基础。

想要打动检察机关和第三方监督评估组织,自我剖析问题时泛泛而谈是万万行不通的。若不能切入痛点说明自身问题,则很难使检察机关相信涉案企业能够通过合规整改真正解决其违法违规的经营问题,合规整改计划的推进也很可能就此"胎死腹中"。涉案企业在多年的运营当中也许存在诸多问题但其视而不见,更也许其置身事内未能全面识别全部违法违规风险,此时涉案企业可以委托第三方专业团队协助其发现问题,并帮助涉案企业彻底予以改正。具体犯罪原因分析实例,可参见本书第三章第三节"刑事合规不起诉的启动材料"(三)犯罪原因剖析当中的"涉案单位违法犯罪原因剖析实例参考"。

三、合规计划概述

2021年6月3日，最高人民检察院等九部门联合发布的《关于建立涉案企业合规第三方监督评估机制的指导意见（试行）》第11条第1款规定："第三方组织应当要求涉案企业提交专项或者多项合规计划，并明确合规计划的承诺完成时限。"第2款规定："涉案企业提交的合规计划，主要围绕与企业涉嫌犯罪有密切联系的企业内部治理结构、规章制度、人员管理等方面存在的问题，制定可行的合规管理规范，构建有效的合规组织体系，健全合规风险防范报告机制，弥补企业制度建设和监督管理漏洞，防止再次发生相同或者类似的违法犯罪。"第12条第1款也提到，涉案企业合规计划的可行性、有效性与全面性将作为审查重点，第三方监督评估组织应对此提出修改完善的意见建议。①

《涉案企业合规建设、评估和审查办法（试行）》第7条要求，涉案企业应当设置与企业类型、规模、业务范围、行业特点等相适应的合规管理机构或者管理人员，该条还对设立合规组

---

① 《关于建立涉案企业合规第三方监督评估机制的指导意见（试行）》第12条第1款规定：第三方组织应当对涉案企业合规计划的可行性、有效性与全面性进行审查，提出修改完善的意见建议，并根据案件具体情况和涉案企业承诺履行的期限，确定合规考察期限。

织体系和相关责任人员提出了必要性要求。[①] 因此,涉案企业应当深入剖析自身问题,找出症结所在,并从企业内部治理结构、规章制度、人员管理等方面着手拟定合规计划,对症下药,解决企业病痛。涉案企业可以从构建合规组织体系、制定合规管理规范、健全风险防范机制、弥补企业合规文化等方面制定递进式合规计划,且应当严格按照合规计划时间表扎实稳步推进整改。

合规整改计划,是整个涉案企业合规整改过程的重中之重,是涉案企业对于违法事实发生之后的自我深刻反省和改过自新的计划书,可以体现涉案企业想要解决自身存在问题的决心。在合规整改工作报告中,就合规计划进行简要概述,可让第三方监督评估组织再熟悉合规整改计划的内容,也更便于其对合规整改结果进行评判。

四、完成计划情况

对照涉案企业制作的合规整改计划,涉案企业应当就已经整改的阶段性成果一一列明。除此之外,涉案企业还应对检察机关出具的合规检察建议的落实情况作出详细阐述。表述的

① 《涉案企业合规建设、评估和审查办法(试行)》第 7 条规定:涉案企业应当设置与企业类型、规模、业务范围、行业特点等相适应的合规管理机构或者管理人员。合规管理机构或者管理人员可以专设或者兼理,合规管理的职责必须明确、具体、可考核。

方式有多种,可用文字表达,也可使用汇总表。

除了写明合规整改结果之外,还可就企业合规整改的具体过程详细阐述。例如,企业已经自查自纠核实了涉案情况,也已惩处了直接负责人;涉案企业已成立合规委员会并设立首席合规官职位,独立履行合规管理职责;涉案企业修改和制定了相关管理制度,确保企业在运营过程当中有据可依;涉案企业已将合规审批纳入日常业务中,确保各项制度切实得到实施;等等。

完成计划情况

实例参考

公司在收到贵院的《检察建议书》之后认真研读,并作出了大刀阔斧的改革和补救。×年×月,贵院指定×××作为第三方评估机构。公司现就已经开展的合规整改工作汇报如下:

×年×月,公司向贵院提交《×××公司合规整改计划书》,整改计划书当中写明的设立合规组织、健全规章制度、完善运行机制和培育合规文化,现已基本完成。

一、核实本案基本情况

×年×月,公司收到《检察建议书》,并就《检察建议书》当中列明的案件事实进行了全方位解读和分析。公司于×年×月召开股东大会,并于当日召开董事会和监事会,全面梳理案件事实,对公司涉嫌××××作出深刻检讨,并对公司合规整改作出商议和决定。

……

二、合规整改计划完成进展

（一）合规组织已建立

1. 成立合规委员会和合规部门，设立首席合规官

×年×月×日，公司在××会议室召开股东大会，并于同日召开董事会和监事会，公司三会均决议通过在公司内部新设合规委员会和合规部门，作为公司的常设机构，并设立首席合规官一职，公司三会还明确了合规委员会、合规部门和首席合规官的工作职责和职能范围。

……

2. 健全公司内部规章制度

根据本案实际情况，公司制定了《反商业贿赂手册》，并已全部下发至公司全体员工，截至本报告出具之日，公司已完成《反商业贿赂手册》培训两次，均由首席合规官亲自讲解，员工完成《反商业贿赂手册》培训时长计入员工业绩考评。除此之外，公司还制定了《业务招待规范细则》等文件，并完善和实施了《财务管理制度》《财务管理内部控制制度》《货币资金管理办法》《财务报销管理规定》《专项资金管理办法》《预算管理暂行办法》等十五项有关财务方面的制度。上述文件均第一时间下发至公司全部员工。

……

3. 合规运行机制良好推进

公司的合同审批流程当中，已经将合规委员会和合规部门的审批列为审批的一环，在公司办公自动化系统当中，已经体现合规委员会和合规部门的审批权限和流程。另外，公司已经设立投诉平台，并公布举报电话、邮箱和信箱，员工可随时向公司就各项事宜进行投诉、批评、建议。公司已经将合规相关制度、机制、人员等方面的资金保障纳入今年专项预算，通过合规资金专项审批等方式，确保合规资金专款专用，保障合规制度基本支出，维护单位合规体系。

公司于×年×月聘请×××律师事务所，为单位搭建合规体系，进行全面、深入合规体检，并作为常态化第三方为单位合规提供监督、指导。

……

4. 合规文化培育已经顺利开展

公司对于新入职员工，均要求参加员工培训，并由学校职能、业务部门合规专员对员工进行线下合规培训，深入讲解单位内合规制度与合规机制。

×年×月×日，公司邀请×××律师事务所律师到公司以单位行贿为主题举办廉洁从业培训，公司全体员工均参加此次培训。公司建立了常态化的合规培训机制，以每个季度第一周为培训周，每个培训周要求每名员工完成不少于3小时的线上合规培训课程，持之以恒地宣传、贯彻合规理念，时常警示员工。

……

五、未来工作计划

涉案企业制定并通过的合规整改计划是现阶段和未来参照执行的依据，涉案企业可对照合规整改计划，制订未来工作计划。检察机关会深入细致开展社会调查，对涉案企业的合规整改全面评估，确保涉案企业“真整改”“真合规”，而不存在边整改、边违规的情况，避免出现“纸面合规”“形式合规”。

在此阶段，涉案企业已经基本完成合规整改计划当中所罗列的内容，但是合规整改计划的完成，并不代表企业合规事宜的暂停或结束。未来工作计划的重点不仅体现在涉案企业对于刑事合规整改事宜的下一步计划，还应当包括企业在合规整改计划结束之后，如何将合规运营融入后续持续经营中。

未来工作计划

实例参考

一、保证合规组织持续运转

确保公司设立的合规组织能够持续稳定，存在于公司日常经营当中。

……

二、继续完善公司规章制度

公司制度应当进行动态调整，根据公司不断运营发展而发现的新问题及时改进完善。

……

因公司规章制度不断调整，因此公司应在企业内部对全体员工做制度培训，确保每一位员工都能清楚公司现行规章制度。公司在未来拟进行的制度培训，如下表所示：

序号	培训内容	培训频率	培训方式	培训讲师	培训对象
1	《反商业贿赂手册》	每季度	线上/线下	合规委员会	全体员工
2	《业务招待规范细则》	每季度	线上/线下	合规委员会	全体员工
3	《货币资金管理办法》	每半年	线上/线下	合规委员会	全体员工
4	《财务管理制度》	每半年	线上/线下	合规委员会	全体员工
5	《财务管理内部控制制度》	每半年	线上/线下	合规委员会	全体员工
6	《财务报销管理规定》	每半年	线上/线下	合规委员会	全体员工
7	《专项资金管理办法》	每半年	线上/线下	合规委员会	全体员工
8	《预算管理暂行办法》	每半年	线上/线下	合规委员会	全体员工

三、确保合规运行机制运转

持续在公司内部施行自上而下和自下而上的合规风险评估机制。

……

四、持续将合规文化常态化

公司将于每个季度在线上或线下向公司全体员工宣传合规文化，并将每年2月设立为“反腐倡廉宣传月”。

……

六、总结与反思

对于正在合规整改的涉案企业来说，是需要总结和反思的。不论是对于企业还是对于个人来说，这都是一个深刻的教训。企业及个人，为此也付出了沉痛的代价。在企业整顿期间，在个人被羁押限制人身自由期间，均无法正常开展实质工作，使得企业停摆不前，甚至产生资金链断裂风险，企业的发展遭受前所未有的重创和危机。

对于公司而言，自身及其管理层进行反思尤为关键。事实上，企业或企业家犯罪往往是因其管理团队法律意识淡薄，对相关风险行为心存侥幸，对违法犯罪缺乏清醒认知，才导致涉嫌刑事犯罪等严重后果。因此，当公司或其负责人涉嫌刑事犯罪之后，应进行深刻的自省和检讨，以便发现管理中存在的问题。企业合规整改便是解决企业“陈年旧疾”的绝佳途径，通过整改，使涉案企业一扫往日阴霾、重新焕发生机，并确保企业在未来遵循合法合规的经营原则，不仅有助于重塑企业形象，同时可以推进企业可持续经营，符合公司的长远利益。

涉案企业在未来做好其自身合规建设的同时，也可以发挥其自身的优势，并以其合规整改为标杆，带动周边企业的合规建设，将合规辐射至周边企业，推动合规理念、合规制度、合规文化的建设，以共同合规促进共同发展，担负起应尽的社会责任，为国家和社会作出应有的贡献。

总结与反思

实例参考

公司本次涉嫌××××罪，不论是对于公司而言，还是对于公司管理层、员工而言，都是一个深刻的教训。×××因公司涉嫌××××罪而被羁押限制人身自由期间，公司无法正常开展实质工作，使公司经营停摆不前，甚至产生资金链断裂风险，公司的发展遭受前所未有的重创和危机。

感谢贵院给予公司和管理人员一次改过自新的机会，通过本次刑事合规整改，公司在各个方面的面貌都焕然一新，不仅已彻底弥补公司管理存在的漏洞，使公司在未来经营当中不会再就同一事宜发生违法违规的情况，而且在今后的经营活动中，公司也将在各个方面遵纪守法，保证持续合法合规经营。

第五章　刑事合规整改的验收

合规整改工作一旦开始实施，对于合规企业和其所聘请的合规律师团队来说最重要的就是要保证合规整改工作的有序开展，并能有效落实合规计划，顺利通过第三方监督评估组织和检察机关的合规整改验收。最高人民检察院认为保障涉案企业有效合规整改的基本方法有二：一是“因案明规”，即合规计划的设计要量身定制、有的放矢、因罪施救，力求务实、精准、管用；二是强化审查，即建立合规监督考察制度，对涉案企业合规计划的执行情况进行监管、指导、评估，防止“虚假合规”“纸面合规”。[①] 因此，为了确保刑事合规工作能够切实有效地顺利开展，合规整改验收工作就显得极为重要了。2021 年6 月，最高人民检察院等九部门联合印发了《关于建立涉案企业合

---

① 参见徐日丹：《如何让好制度释放司法红利——全国检察机关全面推开涉案企业合规改革试点工作部署会解读》，载《检察日报》2022 年 4 月 6 日，第 1 版。

规第三方监督评估机制的指导意见(试行)》,并以此形成了我国合规监管审查的制度框架,即由第三方监督评估组织开展合规监管工作,承办检察机关结合第三方的工作结论和建议进行合规整改的监督和验收,而后作出是否提起公诉的决定。

因此,在合规整改阶段,企业及合规团队需要围绕第三方监督评估组织与检察机关的监督验收来有序开展具体的合规整改工作。

第一节 整改验收的标准

2022 年 4 月,最高人民检察院等九部门联合发布的《涉案企业合规建设、评估和审查办法(试行)》指出,涉案企业合规建设应符合有效性标准,而有效性标准是“因案明规”、因地制宜的。该办法第 15 条规定,第三方监督评估组织应当以涉案合规风险整改防控为重点,结合特定行业合规评估指标,制定符合涉案企业实际的评估指标体系。也就是说,应当针对不同行业中不同涉案企业的实际情况分别制定有效性标准,有效性评估标准并非放之四海皆准,而是因地制宜的。具体来讲,企业合规的具体评估指标可以根据涉案企业类型、规模、业务范围、行业特点以及涉罪行为等因素设置,并适当提高合规管理的重点领域、薄弱环节和重要岗位等方面指标的权重。

一、特征属性

如上所述,虽然不同的涉案企业合规整改验收的指标因个案情况而有所不同,但基于合规整改验收的有效性要求,整改验收标准有着某些共通的特征属性,笔者认为合规团队在开展合规整改具体工作时,应当将此作为工作指引。

(一)建立专项合规制度

企业合规整改,最重要和最基础的就是完善相关合规制度并落实专门合规人员。此处合规制度的设立要凸显出刑事合规的具体特点。在实际工作中,我们发现涉案企业存在忽视企业刑事合规特殊性的问题,认为刑事合规制度完善的空间不大。然而,我们需要明确的是,刑事合规相较于企业自我监管合规和行政监管合规有其特殊性。企业自我监管合规侧重于企业自主公司治理、落实社会责任,属于商业实践行为。行政监管合规是以行政风险防控、避免企业受到行政监管调查和处罚为风险导向的。而刑事涉案企业的合规治理首要防控对象就是刑事风险。对于企业而言,有时行政风险和刑事风险是相通的,仅是度和量的区别,比如在税收征管、环境保护、安全生产等领域。但与此同时,行政合规的范围可能要大于刑事合规,大量违反行政法所规定的精细化管理义务的行为可能不具有刑事处罚的可能性。因此,刑事合规整改和验收标准不能直接套用行政监管合规的规定,而应专注于设立能够有效防控、阻断具体刑事风险而设立的合规整改制度和方法。

笔者认为,刑事合规制度是针对具体刑事风险而设立的专项合规制度,制度的设立需要由具有丰富刑事辩护经验与非诉经验的律师团队深度参与,以刑事侦查的视角去发现现存企业制度中的漏洞,并结合长期的司法实务经验,以达到企业合规验收标准为工作目标指引具体开展整改工作。

开展刑事合规的首要工作就是建立起与刑案成因相对应的专项合规制度。根据《第三方监督评估机制实施细则》的规定,这里的企业合规制度,可以是一个专项制度,也可以是多个专项合规制度。从节约企业合规成本的角度来讲,小微企业的合规管理体系建设、有效性评估、审查都可以简化一些。因此,行之有效的刑事涉案企业合规的基础就是针对犯罪成因有针对性地设立合规制度。这一点在最高人民检察院发布的第四批刑事合规指导案例中有明确体现,见表5。

表 5　最高人民检查院发布的第四批指导案例中建立专项合规制度的案例

指导案例	案例名称	犯罪成因	针对性制度
第四批案例一	北京李某某等 9 人保险诈骗案	没有严密的保险管理制度，公司人员法律意识不强，保险理赔业务流程不规范，保险理赔顾问与财务人员、勘验人员职责不清，保险理赔与维修施工的衔接环节缺乏有效监管等	细分工作流程，对接车定损、维修施工、交车结案、交案回款、保险手续台账登记，并根据工作流程进行整改
第四批案例二	山东潍坊 X 公司、张某某污染环境案	生态环保制度不健全、生态环境观念欠缺、操作规程执行不到位等	建立环境安全合规管理体系，同时新设两处为非废物仓库，新购置上框压滤系统用以减少落地物产生；建立合规风险发现、举报、监控及处理机制；建立合规绩效评价机制，推进考核与追责；投资建立国际先进的“Go Art”技术管理系统
第四批案例三	山西新绛南某某等人诈骗案	公司在缴纳工伤保险方面存在问题是案发的直接原因；在员工管理、规章制度、安全生产等方面存在的问题是引发骗保的深层次原因	制定“安全生产＋财税管理”专项合规组合计划，设立法务部门，健全企业员工管理及财务管理制度，补充完善员工分级管理制度和岗位责任制度，构建安全生产管理体系、现场作业规范执行奖罚体系

续表

指导案例	案例名称	犯罪成因	针对性制度
第四批案例五	浙江杭州T公司、陈某某等人帮助信息网络犯罪活动案	公司高速发展的业绩压力使管理层忽视了合规治理的重要性，导致内部风险管理水平与业务体量不匹配；广告审核制度不完善、线上风控技术能力较弱，内部核心岗位人员权责不明，制度建设未落实，人力及预算投入不够造成审核力度不足等	成立合规委员会，制定《T公司合规委员会章程》，避免管理者个人意志左右公司合规决策；创制《合规事项异议处理办法》《员工奖惩制度细则》《合规监察举报办法》，建立四级合规异议制度，初步形成体系性的日常合规事项管理制度；强化广告业务审核，对内全面更新广告业务内容审核，对外创设广告主身份认证规范，充分落实监管责任，避免第三方代理商及广告主违规发布不符合法律规定的广告；落实技术合规目标，加大技术研发投入，创设一系列广告落地页监控手段，针对违法广告开发了系列技术专利；加强内部人员合规意识，通过合规培训、警示教育、合规专项月等形式，强化"人人合规、事事合规"意识

(二)有效预防和制裁犯罪

企业刑事合规整改有效性标准应体现有效预防和有效制裁企业违法犯罪行为两项功能。合规计划被称为"预防、发现和制止企业违法犯罪行为的内控机制”①,那么企业合规整改后就应当有一套行之有效,能够有效预防、监控、制裁犯罪行为的措施。从预防机制来讲,企业应在商业计划和聘用人员的评估、调查、培训、考核中加入企业合规的基本内容,这是形成企业合规文化的关键。此外,企业还应设立合规监控体系,包含日常监控机制、举报机制、第三方及合作方管理机制、内部审核机制、审计机制等。从制裁犯罪角度来讲,需要审查发生违规行为时的补救措施是否完善,如是否有完善的体系确保对不当行为进行调查,是否有对应的奖励与惩戒、对违规行为的分析与纠正等措施。

(三)保障可持续性合规

合规团队在验收阶段一定会面临的问题就是,合规制度建立起来之后,企业能否长久持续有效地运行下去?企业如何证明所实施的合规是真合规而不仅仅是纸面上的合规?

笔者认为,在几个月至1年的合规考验期内,对这个问题的有效回答应体现在合规制度和措施的可持续性运行保障方面。企业可以从以下三个方面保障合规措施的可持续落实与发展:一是公司应树立起合规理念、合规文化,通过将合规相关的考核指标加入公司考核制度之中、经常性地举办合规培训等

① 马明亮:《作为犯罪治理方式的企业合规》,载《政法论坛》2020年第3期。

方式，形成人人重视合规的企业文化，使合规经营的理念深入人心；二是企业应配有专业合规人员，合规岗位上的合规人员应当具备专业知识和技能，秉持专业负责的执业理念，有效落实岗位责任；三是企业应有相应的资金支持，企业合规制度先行，资金是保障。一方面，在公司日常运营过程中务必加大合规管理的资金投入，合规专员、合规文化建设、常规合规培训都需要资金保障；另一方面，公司应严格加强财务制度管理，确保合规事务专款专用，避免财务制度中的合规款项被挪用。

二、有效刑事合规标准

除了共性的企业合规标准之外，针对不同经营地和经营规模的企业，具体的合规标准亦有不同。

（一）境内经营企业有效刑事合规标准

境内企业合规标准的确定，与企业规模有直接关系。我国境内经营企业大体分为大型企业和中小微企业。从目前合规标准化进度来看，大型企业担负经济发展重任，合规任务重、要求高，而对于中小微企业为了不加重企业负担，充分体现“六稳六保”的检察精神，提倡坚持适宜的合规标准。

1. 大型企业刑事合规标准

大型企业可包含中央企业和其他大型企业，其中，中央企业相较于其他大型企业具有更高的刑事合规标准。

中央企业合规采用试点先行、以实践经验来完善制度建设的方法。2016 年 4 月 18 日，国资委印发《关于在部分中央企业开展合规管理体系建设试点工作的通知》，将中国石油、中国移动、东方电气集团、招商局集团、中国中铁五家企业列为合规管理体系建设试点单位。2017 年 12 月 29 日，《合规管理体系指南》国家标准经原国家质量监督检验检疫总局①、国家标准化管理委员会正式批准、发布，该指南给出了合规管理体系的各项要素以及各类组织建立、实施、评价和改进合规管理体系的指导和建议。

2018 年 11 月 2 日，国资委印发了《中央企业合规管理指引（试行）》，以作为大型企业合规管理的参照标准。2022 年 8 月 23 日，《中央企业合规管理办法》公布，并于 2022 年 10 月 1 日起正式施行，这标志着中央企业的合规管理工作进入新的发展时期。

中央企业的合规管理体系框架，大致可以分为组织体系、制度体系、合规风险管控机制和保障机制四个模块。企业应从治理层、管理层和执行层三个方面搭建合规组织架构，明确董事会、合规委员会的合规管理职责，在执行层面建立集业务部门、法务部门、审计纪检部门于一体的合规管理三道防线。制

① 2018 年机构改革后撤并为国家市场监督管理总局。

度体系方面应建立全面合规的制度和文件，完善“1 项合规顶层政策 +1 项合规管理基本文件 + N 项合规管理具体制度”的体系建设。企业应当形成包含合规风险识别、合规风险评估、合规风险应对、合规监控检查、合规体系评估五个环节的风险防控机制。为保障有效合规，企业应建立合规考核评价机制、常规合规培训及树立合规文化，以形成定期经营的思想基础。

中央企业以外的其他大型企业，包括地方国资企业和大型民营企业，可以参照中央企业的标准来建立合规管理体系。《中央企业合规管理指引（试行）》第 29 条第 2 款明确指出，“地方国有资产监督管理机构可以参照本指引，积极推进所出资企业合规管理工作”。《中央企业合规管理办法》第 40 条同样规定，“地方国有资产监督管理机构参照本办法，指导所出资企业加强合规管理工作”。

2. 其他大型企业有效刑事合规标准

中央企业以外的大型企业，包括地方国资企业和大型民营企业，可以参照中央企业的标准来建立合规管理体系。《中央企业合规管理指引（试行）》第 29 条明确指出，“地方国有资产监督管理机构可以参照本指引，积极推进所出资企业合规管理工作”。2022 年颁布的《中央企业合规管理办法》同样规定，“地方国有资产监督管理机构参照本办法，指导所出资企业加强合规管理工作”。

3. 中小微企业有效刑事合规标准

2022 年 5 月 23 日,《中小企业合规管理体系有效性评价》团体标准经中国中小企业协会批准正式发布,该标准是行业团体规范性文件,不具有强制执行力,但对于中小企业的合规标准的确立起到了指引作用。《合规评价标准》以 ISO 37301:2021《合规管理体系　要求及使用指南》为参照对象,在确立中小企业合规管理体系有效性评价的总体原则和方法的同时,分别针对中型企业、小型企业、微型企业,以附表的形式,对合规机构和管理部门设置、合规人员职责配置、合规风险识别、风险评估分级、风险应对与优化管理等方面出具了具体的评价指标。

(二) 境外经营企业有效刑事合规标准

我国境外经营的企业所应满足的合规标准其实是最高的,因为其不仅应当满足国内的合规标准,还应当满足国际标准和经营地国家的当地标准。2018 年 12 月 26 日,国家发展改革委、外交部、商务部等七部门印发的《企业境外经营合规管理指引》第 3 条明确了我国境外经营企业的合规要求,即"企业及其员工的经营管理行为符合有关法律法规、国际条约、监管规定、行业准则、商业惯例、道德规范和企业依法制定的章程及规章等要求"。

三、有效合规的要素

合规整改验收标准具体包括哪些要素，对于这一点学界有不同的看法：有归纳为领导重视、制度化、谨慎规避、培训与教育、报告和举报、平等、合规监督、合规风险评估、激励和惩罚、持续改进十要素的；[①]也有将有效性标准总结为涵盖犯罪预防、识别、应对三方面的合规制度，合规管理机构，合规培训，合规文化，合规风险识别，合规风险评估，合规风险处置，合规审计，合规举报，内部调查，合规问责与惩戒，持续改进十二项核心要素的（见表6）。[②]

表6　合规整改验收标准包括的要素

有效合规的三个基本标准	具体十二项要素
预防机制	合规制度、合规管理机构、合规培训、合规文化
识别机制	合规风险识别、合规风险评估、合规风险处置、合规审计、合规举报
应对机制	内部调查、合规问责与惩戒、持续改进

可以看出虽然归纳方式不同，但考察合规有效性的要点基本是相同的，对此检察机关也在逐步建立统一的考察标准。最

① 参见周万里：《合规型监管研究》，人民出版社2021年版，第82页。

② 参见李玉华：《有效刑事合规的基本标准》，载《中国刑事法杂志》2021年第1期。

高人民检察院编发了《涉案企业合规改革试点参考文件》,针对商业贿赂犯罪、涉税犯罪、环境污染犯罪、数据安全犯罪、安全生产犯罪、知识产权犯罪等专项合规计划分别制定有效性评估审查重点。辽宁省人民检察院联合九部门出台《关于建立涉罪企业合规考察制度的意见》也为环境污染犯罪、破坏自然资源犯罪、生产销售伪劣产品犯罪、走私犯罪、税收犯罪、商业贿赂类犯罪等涉罪领域分别制定了不同的合规考察要点。

实践中,有地方检察机关制定了详细的合规考察评估表,以合规方针承诺、合规组织体系、合规管理制度等指标作为评价要素并设定合规整改验收评分权重,结合企业合规工作实际情况予以评分,同时对低评分环节和整改建议进行备注说明。[①]此外,按照《关于建立涉案企业合规第三方监督评估机制的指导意见(试行)》的规定,张家港市人民检察院修订了《企业合规改革试点工作实施细则》,进一步细化第三方监督评估机制运行流程,并修订了《合规有效性审查工作办法(试行)》《合规有效性审查专项参考指标》《合规有效性审查工作流程》,完善了第三方监督评估组织合规有效性审查和评估的程序、方法和参考标准。[②]

笔者认为,企业及合规律师在开展合规工作时,应当以全

---

① 参见曹颖:《企业刑事合规试点工作的实践检视》,载《论坛文集》2022 年 5 月 28 日,第 20 页。

② 参见吴晓敏:《企业合规改革试点中的张家港模式及完善》,载《论坛文集》2022 年 5 月 28 日,第 72 页。

国性统一合规标准文件为依托，以当地行业规范以及管辖地检察机关的具体规定为标准，同时辅以其他地区的相关制度规定，在验收标准的确立和考察整改工作的开展方式等方面与办案机关积极沟通、密切配合。就笔者经验而言，检察机关普遍对企业刑事合规持非常积极的态度，愿意与律师进行沟通与交流。尤其当律师具有刑事合规案件办理经验时，检察机关通常也愿意以开放的态度与合规律师交流办案经验。律师应当积极主动地与办案机关多交流、多沟通，促进企业合规整改工作的顺利进行。

第二节　第三方监督评估

《关于建立涉案企业合规第三方监督评估机制的指导意见（试行）》确立了我国第三方合规监管制度的基本框架。《涉案企业合规建设、评估和审查办法（试行）》《第三方监督评估机制实施细则》《涉案企业合规第三方监督评估机制专业人员选任管理办法（试行）》进一步明确了由第三方监督评估组织对涉案企业专项合规整改计划和相关合规管理体系有效性进行合规评估的具体方法，对第三方监督评估组织成员的资质选任、常设监管机构、机制启动和运行、考察期限等方面都作出了更细致的规定。

自2020年3月涉案企业合规改革启动以来,截至2022年12月,全国检察机关累计办理涉企业合规案件5150件,其中适用第三方监督评估机制案件3577件,占全部合规案件的69.5%。[①] 现在各地也正逐渐设立和完善第三方监管机制,可以预见第三方监管机制此后的适用范围会不断扩大,将成为涉案企业有效合规整改期的主要监管力量。企业和合规律师也应当积极了解第三方监管机构的运行机制,在合规整改阶段做好与第三方监督评估组织的配合工作。

一、第三方监督评估机制专业人员

根据《涉案企业合规第三方监督评估机制专业人员选任管理办法(试行)》的规定,第三方监督评估机制专业人员以个人名义入库,需要满足特定的条件,具有案件所涉领域的专业知识和经验。重点包括以下几个方面的内容。

1. 专业人员来源

第三方监督评估机制专业人员均是相关领域的专业人员,主要包括律师、注册会计师、注册税务师、企业合规师、相关领域专家学者以及有关行业协会、商会、机构、社会团体的专业人员。生态环境、税务、市场监督管理等政府工作部门中具有专

① 参见陈瑞华、李奋飞:《刑诉法如何吸收企业合规改革的成果——关于刑诉法修改的学者对话录》,载《法治日报》2023年2月8日,第9版。

业知识的人员也可以被选任确定为第三方监督评估机制专业人员，或者可以受第三方监督评估机制管委会邀请或者受所在单位委派参加第三方监督评估组织及其相关工作。有关政府工作部门所属企事业单位中的专业人员也可以被选任确定为第三方监督评估机制专业人员，参加第三方监督评估组织及其相关工作。

值得高度关注的是，律师本身也是第三方监督评估组织的重要组成人员。一方面，具有丰富实务经验的刑事辩护律师，本身可以从第三方监督评估组织的角度促进企业刑事合规整改的有效实施；另一方面，第三方监督评估机制的设立也开拓了传统刑事辩护律师的新兴业务领域，加入第三方监督评估机制名录库以及参加第三方监督评估组织的工作经验，无疑会为律师接受涉案企业委托，受聘作为企业合规律师增加竞争力。

2. 名录库管理

从当前的规定来看，国家级、省级、地市级和县级第三方监督评估机制管委会均可组建本级第三方监督评估机制专业人员名录库。入库第三方监督评估机制专业人员需满足一定的执业年限、道德和资质要求：(1)拥护中国共产党领导，拥护我国社会主义法治；(2)具有良好道德品行和职业操守；(3)持有本行业执业资格证书，从事本行业工作满 3 年；(4)工作业绩突出，近 3 年考核等次为称职以上；(5)熟悉企业运行管理或者具备相应专业知识；(6)近 3 年未受过与执业行为有关的行政处罚或者行业惩戒;(7)无受过刑事处罚、被开除公职或者开除党籍等情形;(8)无其他不适宜履职的情形。第三方监督评估机制专业人员如果有违规违法行为的,可能会被调整出库。①

申请入库的人员会面临第三方监督评估机制管委会的考核,具体包括材料审查、走访了解、面谈测试等方式。② 第三方监督评估机制管委会在选择拟入库人选时会综合考虑报名人员的政治素质、执业(工作)时间、工作业绩、研究成果、所获表彰奖励,以及所在单位的资质条件、人员规模、所获奖励、行业影响力等情况。同等条件下,可以优先考虑担任党代表、人大代表、政协委员、人民团体职务的人选。③

《涉案企业合规第三方监督评估机制专业人员选任管理办法(试行)》第5条第2款规定,名录库应当分类组建。人员数

---

① 《涉案企业合规第三方监督评估机制专业人员选任管理办法(试行)》第22条第2款规定:"第三方机制专业人员有下列情形之一的,第三方机制管委会应当及时将其调整出库:(一)在选任或者履职中弄虚作假,提供虚假材料或者情况的;(二)受到刑事处罚、被开除公职或者开除党籍的;(三)受到行政处罚或者行业惩戒,情节严重的;(四)违反《指导意见》第十七条第二款第二项至第四项规定的;(五)利用第三方机制专业人员身份发表与履职无关的言论或者从事与履职无关的活动,造成严重不良影响的;(六)考核评价结果两次确定为不合格的;(七)实施严重违反社会公德、职业道德或者其他严重有损第三方机制专业人员形象、公信力行为的;(八)其他不适宜继续履行第三方监督评估职责的情形。"

② 《涉案企业合规第三方监督评估机制专业人员选任管理办法(试行)》第9条规定:"第三方机制管委会可以通过审查材料、走访了解、面谈测试等方式对报名人员进行审核考察,并在此基础上提出拟入库人选。第三方机制管委会可以通过成员单位所属或者主管的有关组织了解核实拟入库人选的相关情况。"

③ 《涉案企业合规建设、评估和审查办法(试行)》第11条规定:"涉案企业应当建立合规绩效评价机制,引入合规指标对企业主要负责人、经营管理人员、关键技术人员等进行考核。"

量、组成结构和各专业领域名额分配可以由负责组建名录库的第三方监督评估机制管委会根据工作需要自行确定，并可以结合实际进行调整。

刑事辩护律师因丰富的司法实践经验和刑法专业知识，具有成为第三方监督评估机制专业人员的天然优势；应积极关注各地各级第三方监督评估机制管理机构所发布的合规人员入库通知，按照具体要求进行申报，进而争取入库机会。

3. 利益冲突问题

第三方监督评估机制名录库的专业人员在开展工作的时候需要注意利益冲突问题。根据《关于建立涉案企业合规第三方监督评估机制的指导意见（试行）》的规定：中介组织人员在履行第三方监督评估职责期间不得违反规定接受可能有利益关系的业务；在履行第三方监督评估职责结束后 1 年以内，上述人员及其所在中介组织不得接受涉案企业、个人或者其他有利益关系的单位、人员的委托。

实践中容易出现的问题是担任刑事案件辩护人的律师及接受委托的同一律师事务所的其他律师，能否再参与第三方监督评估组织？显然，作为辩护人的律师与涉案企业及个人有明显的利害关系，因具有利益冲突所以律师不应再以其他角色参与到案件中。但是，同一律师事务所的其他律师不应受此限制。其正如同一律师事务所可以指派多名律师同时担任同案犯的辩护人一样，律师作为法律专业人士，在行业监管和职业道德的要求下独立履行法律职责，并不存在必然的利害冲突。

二、第三方监督评估机制管委会

第三方监督评估机制管委会是承担对第三方监督评估机制进行宏观指导、具体管理、日常监督、统筹协调等职责，确保第三方监督评估机制依法、有序、规范运行，以及第三方监督评估组织及其组成人员依法、依规履行职责的议事协调机构。

1. 管委会组成

我国现有国家级、省级、地市级、县级四级第三方监督评估机制管委会，各级第三方监督评估机制管委会现在正处于逐步推进建设的过程中。截至 2022 年 12 月底，全国共建立 32 个省级第三方监督评估机制管委会、319 个地市级第三方监督评估机制管委会、1457 个县区级第三方监督评估机制管委会，共有成员单位 18,000 余家。[①]

以国家级第三方监督评估机制管委会为例，其由与企业合规监管相关的各部门联合组成，具体包括最高人民检察院、国务院国有资产监督管理委员会、财政部、中华全国工商联合会、司法部、生态环境部、国家税务总局、国家市场监督管理总局、中国国际贸易促进委员会等部门。其中，中华全国工商联合会

① 《涉案企业合规改革两年来十大“争议点”》，载最高人民检察院网，https://www.spp.gov.cn/spp/llyj/202303/t20230309_607060.shtml。

负责承担管委会的日常工作,国务院国有资产监督管理委员会、财政部负责承担管委会中涉及国有企业的日常工作。其他各级第三方监督评估机制管委会参照国家级第三方监督评估机制管委会的组成,根据当地实际情况组织设立。

2. 工作任务

国家级第三方监督评估机制管委会承担着制定第三方监督评估机制的规范性文件,研究论证第三方监督评估机制涉及的重大法律政策问题,研究制定第三方监督评估机制专业人员名录库的入库条件和管理办法,研究制定第三方监督评估组织及其人员的工作保障和激励制度,对试点地方第三方监督评估机制管委会和第三方监督评估组织开展日常监督和巡回检查,协调相关成员单位对所属或者主管的中华全国律师协会、中国注册会计师协会、中国企业联合会、中国注册税务师协会、中国贸促会全国企业合规委员会(中国贸促会商事法律服务中心)以及其他行业协会、商会、机构等在企业合规领域的业务指导,研究制定涉企犯罪的合规考察标准,统筹协调全国范围内第三方监督评估机制等工作。

地方第三方监督评估机制管委会承担着本辖区内第三方监督评估机制运作的具体工作,包括建立本地区第三方监督评估机制专业人员名录库,选任、培训、考核本地区第三方监督评估组织成员,对选任的第三方监督评估组织及其成员进行日常监督和巡回检查;对第三方监督评估组织成员的违法、违规行为向有关部门提出惩戒建议,涉嫌违法犯罪的,及时向司法机关报案或者举报,并将其列入第三方监督评估机制专业人员名录库黑名单等。

3. 培训和指导

《涉案企业合规第三方监督评估机制专业人员选任管理办法(试行)》第 15 条第 1 款规定,第三方监督评估机制管委会要结合涉案企业合规第三方监督评估工作的情况,定期组织第三方监督评估机制专业人员进行业务培训、开展调研考察和座谈交流,总结推广经营做法。在企业合规试点探索过程中,各地第三方监督评估机制管委会普遍都会组织入门培训。

参与第三方监督评估机制的刑事辩护律师也应当积极参与第三方监督评估组织的培训,学习当地第三方监督评估组织的工作流程和最新业务规范制度,了解具体的监督和评估规范指标。

4. 考核评价

第三方监督评估机制管委会可以通过定期考核、一案一评、随机抽查、巡回检查等方式,对第三方监督评估机制专业人员进行考核评价。考核结果作为对第三方监督评估机制专业人员奖励、续任或者调整出库的重要依据。如果出现《涉案企业合规第三方监督评估机制专业人员选任管理办法(试行)》第 21 条规定的四种情形,考核结果将直接评定为不合格,不进行当年度考核计分。四种情形包括:(1)无正当理由,不参加履职工作或不接受分配工作任务；(2)履职中出现重大失误，造成不良影响；(3)履职中行为不当，造成不良影响；(4)其他造成不良影响或损害第三方监督评估组织形象、公信力的情形。第22条规定，考核评价结果两次确定为不合格的，第三方监督评估机制管委会应当及时将其调整出库。

5. 监督与惩戒

如果第三方监督评估组织或其组成人员故意提供虚假报告或者提供的报告严重失实的，第三方监督评估机制管委会及相关的主管机关、协会应调查核实并进行答复，确有违规违法行为的，应进行惩戒并列入第三方监督评估机制专业人员名录库禁入名单。

企业或合规律师如果发现第三方监督评估组织人员有如索要好处费、工作严重失职等违法违规行为，可以向第三方监督评估管理机构或承办检察机关进行举报，相关部门应进行调查并依法处理。

6. 巡回检查小组

第三方监督评估机制管委会应当组建巡回检查小组，对相关组织和人员在第三方监督评估机制相关工作中的履职情况开展不预先告知的现场抽查和跟踪监督。巡回检查小组成员可以由人大代表、政协委员、人民监督员、退休法官、检察官以及会计、审计等相关领域的专家、学者担任。

三、第三方监督评估机制的启动和运行

第三方监督评估机制由人民检察院启动。《关于建立涉案企业合规第三方监督评估机制的指导意见(试行)》第10条第2款规定,人民检察院经审查认为涉企犯罪案件符合第三方监督评估机制适用条件的,可以商请本地区第三方监督评估机制管委会启动第三方监督评估机制。第三方监督评估机制管委会应当根据案件具体情况以及涉案企业类型,从专业人员名录库中分类随机抽取人员组成第三方监督评估组织,并向社会公示。

合规律师和涉案企业应密切关注第三方监督评估组织成员的组成情况,包括专家类别选定,人员初选情况,如果认为部分组成成员与涉案企业存在利益冲突,或者有专家配备不当的,应及时向第三方监督评估机制管委会提出异议,或与承办案件的检察机关沟通。

当前,为了能够运用科技力量加强第三方监督评估组织的管理、培训、考核等事项,部分试点地区已研发第三方监督评估组织智能管理平台。例如,江苏省张家港市人民检察院就研发了第三方监督评估组织智能管理平台,实现了专业人员分类管理、随机抽取、同步公示,设置人员管理、统计分析等功能。对于因特定原因如专业人员回避等需要重新抽取的情况,系统需

要录入原因，实现全程留痕，最大限度降低人工干预的因素。[①]

从已发布的指导案例来看，第三方监督评估组织的组成情况因案而异，应根据不同的案件类型、企业规模、合规考察的工作量等方面，组建不同规模的第三方监督评估组织。《第三方监督评估机制实施细则》第 23 条第 1 款规定，第三方监督评估组织一般由 3～7 名专业人员组成，针对小微企业的第三方监督评估组织也可以由 2 名专业人员组成。具体情况可以参见最高人民检察院发布的第四批指导案例（见表 7）：

表 7　最高人民检察院发布的第四批指导案例中部分第三方监督评估组织组成

指导案例	第三方监督评估组织组成
案例一 北京李某某等 9 人保险诈骗案	物流行业协会、国企法务部门、市场监督部门
案例二 山东潍坊 X 公司、张某某污染环境案	生态环境局、应急管理局、税务局各 1 人，律师 2 人
案例三 山西新绛南某某等人诈骗案	安全评价专家、会计师、律师

在合规考察期内，第三方监督评估组织可以定期或者不定期对涉案企业合规计划履行情况进行监督和评估，可以要求涉案企业定期提交书面合规计划的执行情况，同时抄送负责办理案件的检察机关。第三方监督评估组织发现涉案企业执行合

① 参见吴晓敏：《企业合规改革试点中的张家港模式及完善》，载《论坛文集》2022 年 5 月 28 日，第 71 页。

规计划存在明显偏差或错误的，应当及时指导、提出纠正意见，并将相关情况向承办案件的检察机关进行汇报。

笔者认为，企业和合规律师在此阶段应当积极配合第三方监督评估组织的监督和评估工作，以实现整改合规目标。企业和合规律师为配合第三方监督评估组织考察所做的相关工作可能包括：(1)积极提供财务报表、人力资源管理制度、反商业贿赂制度、安全生产制度、环境保护制度等相关材料；(2)接受第三方监督评估组织对企业的现场考察，介绍企业整改情况和合规计划实施的进度；(3)及时解决整改问题，并提交书面阶段性整改报告；(4)其他相关工作。

四、第三方监督评估机制考察期限

合规整改的考察期一直是个争议话题。受《刑事诉讼法》的限制，检察机关审查起诉期限一般是一个半月，两次延期两次退回补充侦查期限用满的话最多也就六个半月，取保候审的案件最长不得超过十二个月。而合规整改一般要经过较长的考察期，才能验证合规整改是否落到实处，是否切实有效，这就可能与司法办案期存在冲突。目前的制度性规定采取了灵活处理的方式，《第三方监督评估机制实施细则》第30条规定，第三方监督评估组织根据案件具体情况和涉案企业承诺履行的期限，并向负责办理案件的人民检察院征求意见后，合理确定合规考察期限。

司法实践中，已公开的案例中整改期大多为 1～3 个月，时间较短，据不完全统计，整改期在 3 个月以上的较少，仅见于深圳、浙江、上海等地区的少数几个示范案例，最长的合规整改期不超过 1 年（见表 8）。

表 8　最高人民检察院发布的涉案企业合规典型案例中整改考察期

指导案例	整改考察期
第一批案例二 上海市 A 公司、B 公司、关某某虚开增值税专用发票案	6 个月
第二批案例一 上海 J 公司、朱某某假冒注册商标案	6 个月
第二批案例二 张家港 S 公司、睢某某销售假冒注册商标的商品案	6 个月
第二批案例三 山东沂南县 Y 公司、姚某明等人串通投标案	3 个月
第二批案例五 深圳 X 公司走私普通货物案	1 年
第四批案例一 北京李某某等 9 人保险诈骗案	3 个月
第四批案例二 山东潍坊 X 公司、张某某污染环境案	3 个月
第四批案例三 山西新绛南某某等人诈骗案	3 个月
第四批案例四 安徽 C 公司、蔡某某等人滥伐林木、非法占用农用地案	2 个月

为解决这个问题,检察机关已经开始尝试在公安机关侦查阶段就介入对涉案企业的侦查,提出合规检查建议,并以此适当延长合规整改考察期限。在“深圳 X 公司走私普通货物案”中,检察机关在侦查阶段,以检察建议的方式对涉案当事人张某某、曲某某变更强制措施为取保候审,与此同时,建议涉案公司启动为期 1 年的进口业务合规整改工作,合规整改 6 个月时经考察验收涉案公司取得阶段性合规整改成果,检察机关对涉案公司和个人做了不起诉处理,不起诉后公司继续进行合规整改。

此外,也有检察机关通过多期监控考察的方式延长刑事合规考察期限的。以深圳某机电企业为例,宝安区人民检察院首创适用独立监控人制度,并通过多期监控考察的方式延长刑事合规期限,形成“先期刑事合规 + 不起诉 + 后期刑事合规”的模式,充分发挥刑事合规在修补风险漏洞、增强市场竞争力方面的重要作用。[①]

合规考察期的长短也是涉案企业高度关注的问题。一方面,考察期内企业所涉刑事案件的处理结果还不确定,合规整改期内企业也要经历换血式改革;另一方面,第三方监督评估组织和承办检察机关也可能会随时来现场调查,要求提交阶段性合规整改报告,企业内部要承受一定程度的压力。有的地方

① 李英华、彭振、熊哲菱:《当好“老娘舅”! 探访企业合规的“宝安路径”》,载《检察日报》2021 年 5 月 25 日,第 5 版。

还需要企业承担合规考察的经费，加大企业经济负担。因此，在确定考察期这个问题上，合规律师也应积极与承办检察机关和第三方监督评估组织沟通，争取在考察期等相关问题上全面维护企业利益。

五、第三方监督评估机制人员履职经费问题

当前，第三方监督评估机制相关合规经费问题尚未形成统一的机制。《涉案企业合规第三方监督评估机制专业人员选任管理办法（试行）》第 27 条规定，第三方监督评估机制专业人员选任管理工作所需业务经费和第三方监督评估机制专业人员履职所需费用，试点地方可以结合本地实际，探索多种经费保障模式。合规经费涉及两方面问题：一是支付主体；二是支付标准。对此，各地检察机关在实践中进行了有益探索。

现在的司法实践中主要有三种付费模式：(1)由涉案企业承担；(2)由检察院承担；(3)由地方财政负担。据悉，深圳地区的实践以及最高人民检察院发布的《涉案企业合规典型案例（第三批）》案例二“王某某泄露内幕信息、金某某内幕交易案”即采用的企业付费模式。这种方式与美国刑事监管合规费用负担方式相同，但美国刑事合规制度中因为合规费用增加企业成本已饱受诟病，且还有转移社会和政府成本的问题，造成不公平的结果，有违合规监管独立性之嫌。

对于涉案的小微企业,从为企业减轻合规负担的角度考虑,也可以不启动第三方监督评估机制,由检察机关直接进行监管,合规的费用由检察机关直接承担。例如,安徽省芜湖市人民检察院针对某小微企业不采用当前主流的第三方监督评估机制,而是由检察院主导对企业合规整改履行监督、考察、评估等职责的方式,切实减轻企业负担。[①] 但这种方式难以全面推广也缺乏持续发展的可能性:检察机关办案压力繁重,业务部门很难抽出充足的时间去走访调查、现场检查、具体监督涉案企业的合规整改过程;自监自审也容易引起独立性、客观性方面的质疑。此外,某些涉案企业合规整改涉及特殊领域的专门知识,检察机关人员基于专业的限制,可能也难以做到面面俱到、严密周全。

张家港市人民检察院在刑事合规不起诉全国试点工作中一直都走在前列,有很多开创性措施,在合规经费方面张家港市在全国范围内首个实现合规专项经费财政保障。据悉,张家港市合规专项经费已纳入财政预算项目,由工商联负责管理,检察院负责监督,2021 年度专项经费为 170 万元,2022 年度专项经费为 255 万元。[②] 张家港市企业合规监管委员会制定了

① 参见成璨:《企业合规改革试点的芜湖样本》,载《论坛文集》2022 年 5 月 28 日,第 9 页。

② 参见吴晓敏:《企业合规改革试点中的张家港模式及完善》,载《论坛文集》2022 年 5 月 28 日,第 71 页。

《推进企业合规经费管理暂行办法》,规定合规专项资金使用范围,并建立大型企业和小微企业第三方监督评估组织的人数、种类和薪酬的差异化机制,控制合规机制运行成本。然而,政府埋单虽然能保证合规监管人的独立性,但一般来讲政府服务购买价格会略低于市场价值,可能难以满足专业人士按照市场价值收费的标准。刑事合规整改这项工作短则 3 个月,长可达 1 年,工作量巨大,合规监管人需要投入大量的时间和精力,如果工作报酬缺乏激励作用,可能会影响其工作的积极性和主动性。

因此,我们建议在第三方监督评估组织人员费用问题上,细化落实薪酬差异化标准,并在专业人员的选定环节上给予涉案企业一定的参与权和决策权,促进涉案企业与合规监管人的良性沟通和有效配合,以期在最大限度上确保合规整改工作的顺利进行。

六、监督评估考察报告

刑事合规第三方监督评估考察报告是针对公司刑事合规整改情况的独立调查报告。该报告通常由第三方监督评估组织经过调查和评估之后作出,以确定公司是否仍存在潜在的刑事合规风险。

《关于建立涉案企业合规第三方监督评估机制的指导意见

(试行)》第13条规定:“第三方组织在合规考察期届满后,应当对涉案企业的合规计划完成情况进行全面检查、评估和考核,并制作合规考察书面报告,报送负责选任第三方组织的第三方机制管委会和负责办理案件的人民检察院。”

实践操作中,制作考察报告前,第三方监督评估组织可以先行组织现场验收。现场验收一般包括以下环节:(1)企业介绍合规计划内容及执行情况;(2)第三方监督评估组织对企业相关人员发问,并查阅相关证明材料;(3)第三方监督评估组织开展验收评估;(4)巡回检查小组对合规监督考察工作提出意见、建议,可向企业相关人员或第三方监督评估组织成员发问或调查核实。[①] 现场验收时,承办检察官可以参加会议,并监督合规验收评估的过程,但不会对合规验收是否通过发表意见。

现场评估后,第三方监督评估组织会对照此前企业所提交的合规计划,根据合规有效性标准,就合规计划完成情况进行评议,并出具合规考察书面报告。该报告一般包括以下内容:(1)涉案企业履行合规承诺、落实合规计划情况;(2)第三方监督评估组织开展了解、监督、评估和考核情况;(3)第三方监督评估组织的程序、方法和依据;(4)监督评估结论及意见建议;(5)其他需要说明的问题。报告应当由第三方监督评估组织全体人员签名或盖章,如有第三方监督评估组织成员对报告有不

① 参见李勇主编:《企业合规司法人员手册》,法律出版社2023年版,第157页。

同意见的,应当单独说明不同意见及理由。此后,该报告将报送至第三方监督评估机制管委会,以及负责办理案件的人民检察院等单位。

第三方监督评估组织的监督考察报告是检察机关作出案件处理决定的重要依据,涉案企业及合规律师应予以高度关注。笔者认为,无论第三方监督评估组织是否要求,涉案企业都可以定期以书面形式向第三方监督评估组织提交阶段性合规整改报告:一方面,该方式可以书面形式呈现整改工作的阶段性进展;另一方面,也为第三方监督评估组织撰写监督考察报告提供素材。

第三节　检察监督验收

一、监督验收的内容

(一)合规计划执行监督

涉案企业合规计划的执行情况是检察机关处理案件的决定性因素。在合规计划执行的过程中,检察机关主要发挥监督作用,同时检察机关也在一定程度上帮助、维护企业的合规整改。

虽然最高人民检察院下发的一系列司法文件中并没有明

确检察机关在合规执行阶段的工作模式，但通过总结最高人民检察院公布的企业合规指导案例，笔者总结了检察机关在合规执行阶段日常监督检查的基本模式：检察机关发挥其主导作用选任专业的第三方监督评估机制合规监管人组成第三方监督评估组织，定期向检察机关报告合规计划的执行情况。

根据大部分指导案例来看，检察机关选任的第三方监督评估机制合规监管人一般会通过会谈、走访、审查相关资料等方式监督涉案企业的整改情况。检察机关在这一环节中承担的是主导性的监督角色。同时根据《涉案企业合规建设、评估和审查办法（试行）》的规定，检察机关主要负责审查涉案企业的合规计划、定期书面报告和第三方监督评估组织的书面报告等材料。检察机关通过对这些材料的审查，提出检察建议。

涉案企业和合规律师应对检察机关提出的意见和建议积极落实，并注意工作留痕，对检察机关提出的每一条建议在整改落实之后给予专门性书面回复，并辅以相关证据，以证据思维和严谨的态度来回应检察机关的建议。

（二）合规体系绩效评估监督

1. 合规体系绩效评估主体

检察机关是合规体系绩效评估的主导方。如上节所述，合规评估验收过程中第三方监督评估组织是评估验收的直接主体。检察机关作为主导方对第三方监督评估组织的检查结果进行进一步验收。企业合规整改的结果是检察机关对涉案企业决定处理程序和实体刑罚的关键材料。在绩效评估阶段,检察机关要结合第三方监督评估组织的监督结论来对涉案企业合规绩效进行评价。

《关于建立涉案企业合规第三方监督评估机制的指导意见(试行)》要求第三方监督评估组织应当对涉案企业的合规计划完成情况进行全面检查、评估和考核,并制作合规考察书面报告,报送负责选任第三方监督评估组织的第三方监督评估机制管委会和负责办理案件的人民检察院。[①] 第三方监督评估组织出具的这份书面报告具有证据法意义上的"鉴定意见"的证明效力,可为检察机关决定案件最终处理方式提供重要参考。

2. 绩效评估验收要素

合规运作产生了实际的绩效,形成了完整的合规体系是合规计划的实质要素。合规计划运行效果的评估是以合规计划中的合规要求为基础条件,检察机关和合规监管人各自利用相应的审查方式分别对涉案企业进行的要素式审查。检察机关

① 《第三方监督评估机制实施细则》第 13 条规定:"第三方机制管委会办公室牵头组建巡回检查小组,邀请人大代表、政协委员、人民监督员、退休法官、退休检察官以及会计、审计、法律、合规等相关领域的专家学者担任巡回检查小组成员,对试点地方第三方机制管委会和相关第三方组织及其组成人员的履职情况开展不预先告知的现场抽查和跟踪监督。第三方机制管委会办公室应当将巡回检查情况及时报告第三方机制管委会及其联席会议,并提出改进工作的意见建议。"

在进行评估验收时一般着重审查以下几个方面,[①]涉案企业及合规律师应当给予高度关注:

第一,对前期制定的合规计划制定效果进行评估。首先,评估合规计划在涉案企业中的落实程度,通过员工对企业合规体系的了解程度来评估整个企业是否具有良好运作企业合规的人员背景。其次,评估合规政策制定的频率,考察涉案企业是否会根据法律法规的变化、新业务活动的开展、合规风险管控点的增加、政策执行漏洞的发现而对合规体系进行政策性调整。

第二,对涉案企业设立的专项合规组织进行评估。首先,从宏观上评估专项合规组织结构是否合理。检察机关会根据企业规模和具体情况适用不同评估标准,但在原则上涉案企业的专项合规组织的建设应当能够满足其日常进行企业合规的需要。其次,评估涉案企业合规组织的独立性与专业性。独立性评估要求合规组织成员不得担任该企业其他部门的职位,同时也不得与企业主要经营部门或财务部门存在利益联系,从而保障企业合规组织合规监管的独立性。最后,评估还应当关注涉案企业建立的合规组织规模是否与企业规模相符。

第三,对合规预防体系的运行效果评估。首先,审查合规审计的专业性和合规审计报告文本内容,着重审查涉案企业外

① 参见刘艳红:《做实涉案企业合规整改有效性审查》,载《检察日报》2022 年 8 月 1 日,第 3 版。

部审计机构的专业资质、合规审计报告的记录留存,以及涉案企业基于审计报告对制度进行的修正、对责任人的处理。其次,着重审查企业是否具有应对合规风险的能力。评估涉案企业合规调查情况,重点审查涉案企业在与客户或者其他企业合作时是否会做相应的合规预防建设。最后,评估合规培训的开展情况,具体评估内容包括涉案企业开展企业合规培训的频率、具体培训内容以及具体培训对象等。同时,也应当考察涉案企业合规培训成效,通过对涉案企业采取员工访问、问卷调查等方式考核培训效果。

第四,审查合规举报制度的建立与运行情况,首先,测试合规举报途径是否建立,并检查涉案企业受理举报、开展调查等的响应工作是否可以顺利展开并且经过一段时间的运行后仍持续有效。其次,审查合规举报制度是否完善,以确保在违规事件发生后涉案企业高层管理人员能了解相关情况并在第一时间积极应对问题。

第五,审查涉案企业合规应对体系的有效建设。在发生违法事件时,涉案企业的应对表现是审查刑事合规有效性的重中之重。检察机关通过对违法违规行为的应对来间接检查涉案企业应对合规事件的实际能力。如果涉案企业在合规整改期间未发现违法违规行为,则可以采取全真模拟测试法,考察应对机制的运行情况。

以上这些方面是检察机关进行企业合规监督验收的重点

内容,涉案企业和合规团队应在撰写阶段性报告的过程中分区块重点介绍,回应检察机关所关注的内容,并在最终的企业合规整改报告中针对每一块检察机关所关注的内容进行重点且全面的介绍。

二、监督验收的方式

(一)书面材料审查

检察机关在检查验收环节需要审查的书面材料包含:(1)第三方监督评估组织报送的合规考察书面报告;(2)涉案企业提交的合规计划和整改报告;(3)其他主体提交的评估材料。

在审查过程中,检察机关会针对不同的书面材料重点审查不同的内容。最高人民检察院、司法部、财政部等九部门联合印发的《涉案企业合规建设、评估和审查办法(试行)》中要求审查第三方监督评估组织报送的合规考察时应当审查:(1)第三方监督评估组织制定和执行的评估方案是否适当;(2)评估材料是否全面、客观、专业,足以支持考察报告的结论;(3)第三方监督评估组织或其组成人员是否存在可能影响公正履职的不当行为或者涉嫌违法犯罪的行为。审查完毕后,人民检察院可以就有疑点或者相对重点的情况向第三方监督评估组织核实。在审查涉案企业提交的合规计划和整改报告时,检察机关会重点审查涉案企业合规承诺的履行、合规计划的执行和合规整改产生的实效。

（二）现场调查

现场调查就是检察机关对涉案企业实地走访调查。这种直接的合规审查方式可以让检察机关更加直观地了解涉案企业的整改效果。同时，这种亲自走访的方式也有利于检察机关了解涉案企业面临的实际问题。例如，在最高人民检察院发布的《企业合规典型案例（第二批）》案例三“山东沂南县Y公司、姚某明等人串通投标案”中，合规整改期间，检察机关会同巡回检查小组，通过“不打招呼”的随机实地检查方式，深入两家企业进行实地座谈，现场抽查Y公司近期中标的招标项目。通过这种随机实地调查检察机关更加深入了解了企业经营状况、社会贡献、合规意愿以及违法犯罪既往历史等情况，给检察机关评估涉案企业整改情况提供依据。

涉案企业应当设立现场检查回应机制，随时准备迎接第三方监督评估组织或者检察机关的随机考察，各部门有专门的合规人员，并设立AB角使每一个工作岗位均有两人及以上负责，以确保在随机抽查时，随时有专人负责介绍合规进度情况，回答现场考察人员所提出的问题。

（三）公开听证

合规考察程序结束前，检察机关要组织召开合规验收听证会。召开听证会的主要目的是与到会各方共同验收涉案企业刑事合规建设情况，并最终作出评价或者给出相应处理意见。

《第三方监督评估机制实施细则》规定检察机关可以邀请第三方监督评估组织的组成人员到会发表意见。除检察机关和第三方监督评估组织成员外，侦查人员、相关政府机关官员、商业组织成员、人大代表、法律界专家学者、人民监督员等都可以参与听证会评议。从实践来看，听证会上具体听证的内容主要包含：涉案企业代表就合规整改工作做详细汇报、第三方合规监管人对涉案企业合规整改监督情况进行汇报、承办检察官就基本案情、法律适用以及涉案企业刑事合规开展情况做详细介绍、听证员对刑事合规情况讨论、评估并发表意见。

此处，涉案企业代表可以是负责合规事务的律师。企业代表将参与听证会并做主题汇报，汇报的主要内容即针对合规计划所列出的工作计划的落实情况，即企业合规整改报告中的核心内容。

在听证会的最后检察机关通过审查评估结果和案件具体情况（事实、情节等）对涉案企业合规成效作出判断并作出案件处理决定。

三、监督验收的结果

（一）企业合规验收结果

检察机关结合刑事合规检验期届满后得出的审查结论，在

综合案件实际因素考量后可以分别作出以下三种决定:

第一,刑事合规审查结论为通过,检察机关在综合案件事实、考量犯罪情节、案件性质、社会影响等因素的基础上,可以对涉案企业作出不起诉的决定,或者提出轻缓处罚的量刑建议。对情节轻微的案件中认罪认罚、积极组织企业合规整改的相关责任人员,可以作出酌定不起诉的决定。

第二,刑事合规审查结论为拟通过且附带补正要求,检察机关在综合考量诸要素的基础上,一般可以对涉案企业作出不起诉的决定,或者提出轻缓处罚的量刑建议。检察机关可以提出检察意见,将案件移送有关行政主管机关,督促涉案企业按照补正要求完善合规管理体系。

第三,刑事合规审查结论为不通过,检察机关应当作出起诉决定。涉案企业在审判阶段积极开展合规整改,通过刑事合规有效性审查的,检察机关可以视情况作出撤回起诉的决定或者发表轻缓处罚的量刑建议。

(二)对涉案企业及个人不起诉

1. 对涉案企业合规不起诉

对于严格履行合规监管协议的条款,积极有效进行合规整改,完成了检察机关的前期要求,建立合规管理体系的企业,检察机关应作出不起诉的决定,对其作出无罪处理。反之,对于未履行合规监管协议所确定的义务,未完成企业合规监管体系建立，或者又实施新的违法犯罪行为的企业，检察机关可以作出提起公诉的决定。

2. 对个人合规不起诉

涉案企业的负责人员在受案后主动承认自己的罪行，并且表示愿意接受刑事处罚，认罪态度好、积极组织企业整改的，可以作为个人量刑从宽的情节予以考虑。可将企业合规作为责任人员出罪或从轻、减轻处罚的情节，纳入企业合规整改考察体系。检察机关可以通过企业负责人在合规整改中的表现以及案件事实与情节决定是否对该责任人起诉。对个人合规不起诉的制度鼓励了涉案企业责任人对推动企业进行刑事合规的积极性。

（三）移送有关机关处理

检察机关可以在依法对涉案企业及相关责任人作出不起诉决定后，提出检察意见并移送其他行政机关进行处理。安徽芜湖串通投标案在合规整改考察期满之后，经过人民监督员、执法执纪监督员、相关行政主管部门、芜湖市工商联、芜湖市商调会等各界代表召开听证会通过后，最终办案机关对该公司及法定代表人作出不起诉处理，办案机关同时向市公共资源交易管理局提出对涉案企业给予行政处罚的《检察意见书》，实现刑行衔接。[①]

---

① 参见成璨：《企业合规改革试点的芜湖样本》，载《论坛文集》2022 年 5 月 28 日，第 9 页。

四、提起公诉案件中企业合规起到轻缓量刑作用

(一)酌定从轻量刑情节

企业合规整改之后,如果检察机关仍然选择提起公诉,那么对企业或个人的量刑将会有什么样的影响?理论上有三种:从重、不变以及从轻。从实践中来看,合规从宽的情形占据绝大多数。而能否获得较轻的刑罚以及如何获得较轻的刑罚恰好是企业最为关心的问题,故而本部分便着眼于讨论合规从宽量刑制度。

涉案企业进行合规整改不仅可能获得合规不起诉的结果,也可能在被起诉的情况下获得从轻量刑。目前企业合规作为从宽量刑情节的主要法律依据是《刑事诉讼法》第15条关于认罪认罚从宽的规定。除法律依据外,企业合规作为量刑情节还有相应的理论支撑。根据最高人民法院和最高人民检察院颁布的《关于常见犯罪的量刑指导意见(试行)》的规定可以看出,目前司法中量刑既要考虑刑罚"报应"理论又要考虑刑罚预防犯罪的目的。在罪行较为轻缓的情况下,惩罚不应当作为刑罚的首要目的。推动企业合规整改,降低企业未来触犯刑法的风险是现代刑罚预防目的的体现。从社会整体利益出发,鼓励企业自查,建立合规体系,避免未来的风险已经成为司法共识。

合规量刑从宽适用于与企业生产经济活动密切相关的自然人。这一结论在最高人民检察院公布的指导案例中也可以看到,比如在《企业合规典型案例(第二批)》案例六"海南文昌S公司、翁某某掩饰、隐瞒犯罪所得案"中,检察机关根据该公司的企业合规整改情况提出轻缓量刑建议。最终,翁某某被判处有期徒刑1年,缓行1年零6个月,这明显适用了合规从宽量刑制度。

(二)合规从宽量刑制度的执行

1. 从宽幅度的计算方法

在现有的法律制度下,企业合规作为一种酌定量刑情节,一般来讲是参照认罪认罚从宽的量刑方法。但在实践中,检方在出具从宽量刑建议时还会考虑以下几点:

第一,企业合规不仅完全涵盖了认罪认罚的情节,还多了"补救挽损+合规整改",具有独立评价的价值。

第二,基于预防的效果,企业合规的从宽幅度应大于认罪认罚、自首。

第三,检察机关根据企业合规情节确定幅度范围,再根据坦白等情节选取幅度档位(不需要评价认罪认罚情节);优先适用自首等可降档量刑的情节,然后再适用企业合规情节,对于重复"认罪"等部分不再评价。

第四,检察机关综合企业合规、认罪认罚等多个量刑情节,确定最大的减轻比例。

2. 企业合规与罚金刑

根据所适用罪名的情况，如果要对企业和个人都判处罚金，会优先考虑对企业判处罚金，具体如下：

第一，检方应考量案发后的合规整改情况，也应结合案发前企业违规历史等因素进行综合考量，而不是一味从宽。对于罚金的量刑，也应当具有梯度。

第二，涉罪企业的合规整改效果及于罚金的从宽量刑，既包括在幅度内选择较低额的罚金，如在5%～30%的倍比罚金内，判处涉罪企业缴纳犯罪数额10%的罚金，也包括调整罚金的基准刑，如在10万元的基准罚金上打9折。

3. 企业合规从宽量刑的调整

企业的经营是一个动态的过程，涉罪企业与责任人的认罪认罚态度也可能出现波动，所以有可能调整量刑建议。

常见情形有以下几种：

一是企业出现经营困难而无法继续整改的且现阶段的合规整改只体现了部分成效，这种由于客观原因导致无法继续合规整改的，可以根据其已经整改的情况，适当缩减企业合规量刑情节的从宽幅度。

二是在实践中，部分涉罪企业及责任人特别是实际控制人、经营负责人，为了防止企业被定罪而影响日后的发展，拒绝认罪但愿意继续整改或者是验收合格的。针对这种情形，根据检察机关的相关规定,可能建议法院不再适用认罪认罚从宽制度并撤回认罪认罚情节的从宽量刑建议。由于缺乏认罪认罚的前提,对于尚未整改完毕的,应终止适用企业合规,撤回企业合规从宽情节的量刑建议;对于验收合格的,再依据企业合规整改情况提出新的量刑建议;从宽量刑时,也会限制从宽的幅度。

三是起诉后出现再犯新罪等情形,导致合规整改不达标的。针对这种情形,也要根据新罪的情况分别作处理。如果只是责任人再犯新罪,应撤回对责任人的从宽建议,对被告企业的从宽幅度要根据新罪与合规整改的关联性决定是否调整;如果是被告企业再犯新罪,还要根据新罪与合规整改的关联性,决定是否撤回从宽量刑建议或者限制从宽幅度,对责任人的处理与被告企业同步。

(三)跟踪回访

跟踪回访是检察机关目前较常适用的合规考察评估后的长期监督措施。涉案企业合规管理是一种动态、长期管理体系,不能只取得表面的效果就停止持续的构建和发展。一个良好的企业合规体系需要持续跟踪、监测和审查,保障合规体系与外部法律、法规、政策的衔接,从而使企业能够适应不断变化的风险。在完成企业合规的评估考察工作、检察机关对涉案企业作出不起诉决定后,为了防止涉案单位产生新的刑事犯罪同时也为了检验前期合规监督的成效,检察机关普遍建立了跟踪回访机制。由于目前合规考察期限受限于 1 年以下的办案期限,实践中涉案企业的合规考察期限较短,为达到合规整改的根本目的,必须保证企业合规建设的持续性。跟踪回访机制针对的对象是涉案企业、主管机关以及其他有关单位。检察机关会联合行政部门对已经完成合规整改的企业进行监督回访,对涉案企业在已涉罪领域的活动进行风险排查,对企业的合规情况进行常态化的监管。

通常使用的跟踪回访方式包括电话回访、信函回访、登门回访以及座谈会式回访等形式。检察机关主要回访以下三项内容:一是了解主管机关行政处罚的实施情况。例如,涉案企业是否及时执行行政处罚的决定,是否在相关问题上采取实际整改措施等。二是了解涉案企业合规整改后经营情况是否得到改善。三是与涉案企业所在地管委会等进行会商,形成协作机制,加强对涉案企业的日常管理,督促企业开展合法经营。比如深圳市宝安区人民检察院在作出不起诉决定后,委托第三方合规监管人,就涉案企业合规体系的运作情况,继续进行回访考察,为期 1 年。

综上,本章主要介绍在合规整改期间,第三方监督评估组织以及检察机关对涉案企业进行合规整改监督、评估与考察的相关情况。涉案企业及合规律师应明确监督考察机构的工作流程和关注重点,做好合规计划落实、有效合规整改的相关工作,最终争取企业合规通过验收,涉案企业及相关责任人获得不起诉或轻缓的量刑建议,从而最大限度维护企业及当事人的合法权益,促使企业长效健康有序发展。

第六章　企业家应如何对待刑事合规

第一节　刑事合规功能与价值

越来越多的企业自愿进行或被要求开展刑事合规，甚至成立了数量高达百人的独立部门来建立、完善刑事合规体系，这让企业和企业家感到惊讶的同时也产生了犹豫：我们耗费大量的人力、物力和财力来构建合规体系，短期内支出高额成本只能获得有限收益，是否有些得不偿失？除了用于应对行政监管部门或检察院的考察监督，合规体系还有其他的功能和价值吗？

一、预防刑事法律风险，知法而行

企业要建立有效的刑事合规体系，其主要目的和意义在于防范企业在市场经营中的刑事法律风险。一般来说，无论企业处于哪个行业，生产什么产品，其生存都会面临四种基本风险：

战略风险、经营风险、财务风险和法律风险。刑事法律风险是法律风险的一个重要组成部分,也是最致命的一种。如果企业面临刑事法律追究,除了可能因违法违规而受到处罚和遭遇诉讼困境外,还可能导致企业失去市场准入资格,遭受其他严重损失,甚至对企业造成灭顶之灾。

安然公司曾经是一家美国大型能源公司,一度位列美国500强公司第7位。但是在2001年,安然公司突然宣布公司亏损6.18亿美元,公司资产缩水12亿美元。2001年10月,美国证监会对安然公司展开调查,安然公司承认作了假账。此后,安然的债务评级与证券评级下调,市值蒸发近789亿美元。在2个月后,安然公司便申请了破产。

安然公司的突然破产,引发了一系列的连锁反应,比如为安然公司提供审计服务的安达信会计师事务所因此面临了严格审查。安达信会计师事务所曾是全球五大会计师事务所之一,在全球有390多家分支机构,其雇员有85,000余人,在2000年全球营业额达到了93.4亿美元,占据了全美八成的审计会计市场份额。

在安然公司成立之初,安达信会计师事务所即为其提供内部审计与服务。2001年安然公司的破产直接引发了美国证监会对安达信会计师事务所的审查与司法部对其的起诉,最终法院判决安达信会计师事务所构成妨碍司法罪,责令安达信会计师事务所5年内不得从事会计师业务。法院的判决,让安达信会计师事务所这个庞然大物轰然倒塌。判决作出后仅2个月,安达信会计师事务所全球 390 多家分支机构就相继解散或被收购，直接雇员锐减至 3500 人，2300 多家客户陆续离开安达信会计师事务所。法院的一纸从业禁令让安达信会计师事务所丧失了市场从业的基石，直接让全球五大会计师事务所之一退出了历史舞台。

对于很多企业来说，其生存的重要基础就是市场准入资格，一旦企业被剥夺相关资质与资格，企业离破产可能仅差程序上的几步之遥。

以建筑企业为例，拥有建筑资质证书是企业在市场经营的基本条件，若企业以欺骗手段如提交虚假人员材料、注册地址、社保信息等方式获取建筑资质证书的，或是超资质承揽工程，甚至出现行贿行为，或是存在违规分包、转包等情形的，建筑企业将可能会面临降低建筑资质等级甚至吊销建筑资质证书的处罚。这种对建筑企业市场准入资格进行限制或剥夺的处罚，相当于对该企业判处了“死刑”。

企业在经营发展时，若违反《刑法》而被追究刑事责任，很可能会招致经营许可资质被吊销，上市、招投标等市场准入资格丧失的致命风险，所以企业要建立刑事合规体系并保证该体系有效运行，尽量减少企业发生灾难性风险。

二、切割企业责任，减少利益损失

除了预防潜在的刑事法律风险，有效的刑事合规体系还能发挥“隔离带”或“防火墙”的作用。一个具备有效合规计划的企业能做到在企业与客户、员工、商业合作伙伴间建立完备的风险转移与责任切割机制,该机制可以在很大程度上阻却刑事责任或者在面临刑事或行政处罚时获得宽缓处理,防止企业因其他相关人员的违法犯罪行为而承担连带责任。

综观我国单位犯罪的归责方式可以看出,单位犯罪的犯罪行为仍要求自然人直接实施,企业作为法律拟制的主体,仅可通过企业的主管人员及其他关联人员进行活动,企业责任和相关人员责任难以分割。[①] 这也造成了,当企业核心岗位人员以自身独立意志为企业的利益进行商业活动时,企业责任与自然人责任容易出现混淆的情况。也就是说,当自然人为企业利益实施违规或者犯罪行为时,企业要证明自然人的行为与其无关联存在很大的难度,但是如果企业具备有效、健全的合规体系,责任混同问题便可迎刃而解。

第一,刑事合规建设可以阻却刑事责任。有些行为虽然在外观上体现为企业违法犯罪,然而,如果企业内部建设了有效的合规体系,该体系便可成为阻却企业被认定为犯罪的法定事由。

2015 年,雀巢公司数名员工涉嫌侵犯个人信息犯罪。这些员工认为他们的行为是代表单位意志的行为,一审判决作出后,员工们提出上诉,请求法院判决雀巢公司承担单位犯罪的

① 参见陈瑞华:《企业合规不起诉改革的八大争议问题》,载《中国法律评论》2021 年第 4 期。

刑事责任。但是雀巢公司作为拥有数万名员工的世界级食品公司，公司内部早已拥有相对完备且运行多年的合规体系。所以雀巢公司在二审中提出证据证明，公司员工在员工内部培训时均已签署了依法从事经营活动的保证书，保证书、员工手册与员工行为规范要求等证据证明，公司员工早已明确知晓公司内禁止员工从事何种违法违规行为。所以，公司员工从事的违法行为与雀巢公司无关，雀巢公司不应承担相关责任。

完善且有效运行的合规计划可以证实企业对潜在的犯罪行为进行了充分的预防、识别和应对，也可以证实企业主观不存在犯罪故意。企业的合规管理体系可以将企业员工的行为与企业的行为进行有效切割，将双方责任进行有效分离。

第二，刑事合规建设可以有效地切割企业刑事责任。在企业犯罪时，从涉案的普通员工至公司主要负责人都要被追究刑事责任，某一家企业犯罪，很可能会连带着上、下游供应链中的多家企业一起被认定为犯罪，其主要原因在于企业经营过程中权责不清、职责不明。通过企业刑事合规建设，可以有效切割责任，抑制刑事追责宽泛化和扩大化现象，最终达到减轻刑事犯罪后果和损害的目的。

第三，刑事合规建设可获涉刑后宽缓处理。我国企业刑事合规从 2018 年发展至今，大体呈现出两种模式：第一种是“预防性合规”，即企业在日常生产经营过程中，为了预防潜在合规风险而进行的合规建设。这种合规建设是大且全的合规，是为应对“潜在风险”而建设的体系性合规。第二种是以危机处理为目的和导向的专项刑事合规(事后合规)。这种合规是针对企业已经发生的违法违规事件或者犯罪行为,为避免受到严厉的刑事处罚而设立的企业合规。

无论采用何种合规模式,在企业受到行政或刑事责任追究时,企业都可与相关监管部门及检察院进行沟通协商,以最大限度争取减轻或者免除处罚。

2020 年,深圳市某科技股份公司因涉嫌对非国家工作人员行贿罪,被深圳市南山区公安局调查并移送检察院审查起诉。检察院介入后与该公司签署了合规监管协议,并协助该公司开展企业合规工作。后来检察院根据该公司的合规考察结果,最终对该公司负责人作出了不起诉决定,该公司也获得了宽大处理的最好结果。

2021 年,安徽省某矿业有限公司因存在拓宽采矿区需要,向当地自然资源和规划局提交了申请林木采伐和道路扩建的申请并被批准。但该公司在采伐和修路施工的过程中,均没有在审批的范围内进行施工工程作业。经鉴定,该公司未经申请占用林地面积共 91. 05 亩。当地公安局对该公司以滥伐林木罪、非法占用农用地罪进行立案侦查并移送检察院起诉。当地人民检察院经省人民检察院同意后,于 2022 年对该公司开展企业合规工作,经过 2 个月的考察验收程序后,当地人民检察院对该公司及公司涉案人员作出了不起诉决定。

以上两个案例说明企业在面对刑事追诉时,可以与检察机关协商达成合规监管的协议,检察机关可根据企业在考察期间内的合规情况作出减轻处罚或不起诉的处理。刑事合规可以让陷入刑事犯罪危机的企业拥有争取宽大处理的宝贵机会,尽力避免企业被剥夺市场准入资格或面临严重的刑事责任追究,可帮助企业在关键时刻摆脱危险。

三、提升企业价值观,树立良好形象

合规建设本质是一个系统的工程,是对企业管理体系的全方位调整。刑事合规建设甚至影响企业本身的价值取舍,所以刑事合规建设的首要任务是取得企业管理者和企业员工的认同。这需要企业在合规文化建设上下功夫,而不能单纯依靠刚性的制度要求来让企业员工"不敢违规"。

企业刑事合规制度建设的着力点是"预测未来可能引发的刑事风险,将其进行刑事合规规范,降低企业刑事违法风险"。刑事合规能帮助企业建立规则和程序意识,其本质是规则落地,进而影响企业生产经营过程中的方方面面。通过刑事合规建设,可以帮助企业树立良好形象、建立先进的企业文化,并作为行业引领者推动文化输出与交流。刑事合规产生的隐性价值有利于企业的长远发展,在当前较为复杂的国内、国际政治经济背景下,消除刑事违法违规的不确定性尤为重要。

刑事合规为公司传统的经营管理模式带来了新的变革，其不是打造一个毫无瑕疵的公司管理经营模式，而是让现行的经营管理模式具有不可替代的运行优势。尽管刑事合规会耗费更多的人力、物力、财力，增加管理成本，这让许多企业家对企业合规产生诸多顾虑，但是企业家们不应该无视刑事合规给企业带来的潜在价值和减少的违规成本。特别是对于那些需要上市，市场准入资格，投标、招标的企业，即使相关资质与经营许可合格，但其存在单位违法记录，在上市与招标、投标等经营活动中仍会存在明显的劣势和制约。当一个企业规模不断扩大，雇佣员工的数量快速上升，贸易活动越发频繁，企业所面临的刑事合规风险也会呈指数上升。从长远来看，为了企业的持续经营发展，刑事合规体系在企业中的建设与运行势在必行。

第二节　企业刑事合规的顾虑

一、刑事合规经济成本高

（一）企业合规建设资金投入高

刑事合规最大的成本是什么？当然是为刑事合规工作而花费的金钱，如企业合规工作人员的薪水、外聘专家顾问的咨询费、企业日常合规工作开展所需经费等，这些刑事合规所需的成本对很多企业来说是十分沉重的负担。当前企业刑事合规的成本主要体现在三个方面：

1. 企业合规计划制定、执行中的专业服务费用。由于大多数企业缺乏进行合规建设所需要的专业知识和技能，因此通常需要聘请外部专业人员，如律师、注册会计师、注册税务师等，来提供相应的服务，这就需要支出专业服务费用。

2. 执行合规计划的投入，如组建合规机构、组织合规培训、设置合规管理岗位等。

3. 第三方运行成本。第三方人员既包括检察人员等公务人员，也包括会计师、律师等社会专业人员。公务人员履行工作职责参与企业合规，无须额外支付报酬，但社会专业人员服务的费用及第三方监督评估组织提供的运行保障服务费用均属于企业合规成本。

在某些地方试点中，以上费用均由涉案企业承担，这对经营状况不佳的中小企业来说是一笔不小的支出。但对于企业来说，仅有在合规的经济成本小于没有合规的成本时，企业才会考虑使用合规。面对我国目前高成本的刑事合规，企业一定会考量合规投入是否值得。此外，企业的无形资产如企业的口碑、品牌等，对企业的生存与发展十分重要，很多企业是为了维护无形资产才积极进行刑事合规，但对于部分品牌形象弱、声誉有限的企业，其生存在很大程度上依赖管理者的个人资源，这导致企业会更加关注刑事合规的投入产出比,严格控制企业生产管理成本。企业刑事合规需付出大量精力与财力,但短期又不确定能获得直接回报,这就会严重影响企业刑事合规的积极性。所以,在不需过多考虑企业无形资产损失的情况下,企业违法或犯罪后,部分企业管理者宁愿选择再重新成立一家公司,也不愿浪费时间和精力进行企业刑事合规。

(二)企业刑事合规回报周期长

我国大量企业的服务与产品同质化现象严重,企业间激烈竞争,导致企业大多生存时间短。例如,我国小企业的平均寿命只有6.8年,与大、中型企业相比,其死亡率分别高约23.6倍和6.9倍。① 部分中小企业经营者对企业持续经营的预期不高,但企业刑事合规的基本目标却是让企业能长久地经营,防止企业因违法犯罪而被迫陷于困境或终止经营。因此,对企业长久经营发展预期不高的企业家,有可能考虑到花费大量时间和精力进行刑事合规的成本远高于企业将来因合规而产生的收益,所以,部分企业家对需要花费大量成本进行的刑事合规积极性不高。

---

① 参见杨晓、任萍:《小微企业内部控制制度完善对策研究——以汉中市小微企业为例》,载《西部财会》2016年第11期。

（三）刑事合规削弱企业商业竞争力

中小企业可能会担心刑事合规的成本投入问题和企业生存周期问题，而对于大型企业来说，刑事合规的资金成本并不是其首先考虑的因素。例如，西门子公司曾花费数亿美元进行合规工作，就西门子企业的规模、公司的价值来说，这些资金投入并非难以承担，也不是合规工作的主要“成本”，其真正的合规成本是企业市场竞争力的骤减，因为高标准严要求的合规可能会立即削弱企业的市场竞争力。特别是在竞争激烈的红海市场或者监管不成熟的灰色市场，企业刑事合规所带来的短时间内企业竞争力的迅速下降可能不是“未来获得的长期利益”所能抵销的。在当下“剩者为王”的激烈市场竞争中，企业的生存和抢占市场对企业发展十分重要。企业只有不断强化自身竞争力才可能获胜，才有余力进行高标准的刑事合规，甚至通过“合规壁垒”获利。

更进一步说，假设在每个企业合规水平都较高的“文明市场”中，刑事合规所带来的竞争优势下降是企业可以接受的。但与此同时，违反规则所带来的优势也会突然增大。在这种优势积累到一定程度时，这个违反规则的企业就会像一条有毒的鲇鱼，终将搅乱原本的“文明市场”，最终导致“劣币驱逐良币”，甚至可能迫使全行业重新返回恶性的“丛林竞争”当中。

二、刑事合规导致企业和员工利益冲突

(一)挫伤员工士气

程度适当的企业刑事合规可以起到分割企业责任和员工个人责任的作用,这通常被视为刑事合规工作对企业的贡献。但在严重的刑事合规事件发生时,员工与企业间会产生激烈的利益冲突。例如,在刑事案件中,相同的犯罪情节被认定为单位犯罪或者个人犯罪时,其处罚会有十分明显的差别。以刑事合规为由分割企业和员工责任可能会使企业免于处罚,但是可能会使员工面临更严重的处罚,这有可能会挫伤员工士气,损害员工的归属感,并间接导致员工的工作表现变差。[①]

考虑到中国的传统文化和现实国情,企业弃员工于不顾的行为反而可能会破坏企业形象。这就与“合规经营”给企业带来正面形象的目的背道而驰了。此外,“家丑不可外扬”的传统观念也尚未消除,企业揭发员工的违法行为,可能会遭到部分员工的排斥与质疑,在这种氛围下,“有能力”的企业可能会通过“保护”员工来保全自身颜面,甚至以此激励员工更加大胆地

---

① 参见刘笛:《企业合规治理的价值和挑战》,载微信公众号“靖予霖律师事务所”2021年1月1日,https://mp.weixin.qq.com/s?src=11&timestamp=1679149661&ver=4414&signature=mX56i72RZ xxIA460X*hA2lRKi29wngp1J*-cqBJMzu4le7tXI7o-dtprRyzVZgbRGOX-rHaBlsa3yTHVTztvENvWgtt typ8MqPUVGDD4pUgjI-SWQQLDQWAvsQylcSeV&new=1。

为企业谋取不正当竞争优势，刑事合规的治理目标将完全落空。

（二）企业调查侵害员工权利

企业内部调查制度是一种企业防控刑事风险的机制，其具有控制风险和实现出罪两种作用。企业内部调查与行政调查和刑事侦查不同，企业内部调查的权力来自企业与员工对自身部分权利的放弃。在实践中，如果难以把握权利保护和调查行为的界限，可能会使调查手段偏离正轨，导致调查行为违背正常逻辑，例如可能会出现带有刑事侦查色彩的调查行为，最终导致侵犯员工的名誉权或隐私权等人身权利。

在“戎锡凤诉无锡花园城广场大酒店有限公司君乐酒店劳动合同纠纷案”①中，法院认为，我国法律对搜查作出了明确规定，并未许可企业搜查他人身体，企业员工在履行劳动合同过程中，人身权利不可侵犯，企业不可非法搜查劳动者身体及随身携带的物品、包袋等。反观国外，虽然开展刑事合规探索较早，但同样也出现了企业调查权过大的情况，例如，2020 年欧洲最大的服饰零售商 H&M 集团因监控数百名雇员，被处 3530 万欧元的罚款。因 H&M 集团通过主动或被动的方式对部分雇员的私人生活进行过度记录，包括病情、请假期间的经历、家庭情

① 戎锡凤诉无锡花园城广场大酒店有限公司君乐酒店劳动合同纠纷案，江苏省无锡市崇安区人民法院（2014）崇民初字第 0850 号判决书。

况以及宗教信仰等,严重侵犯了雇员的个人信息权利。[1]

从以上案例可知,某些企业内部调查具有强制、暴力的性质。在实践中,部分企业刑事合规人员为了达成“应查尽查”的效果,甚至呼吁要求扩大调查取证管理的权力。这是因为,企业为了尽量免除或减少自身的刑事责任,避免刑事合规管理出现重大纰漏,在防范刑事合规风险、识别和监控违法违规行为时,过分盲目追求刑事侦查的效果,也就是查明真相、惩罚犯罪,而忽略了人权保障。面对当下的这种调查倾向,企业应当警惕:如果在企业内部调查过程中不能做到自我克制,将可能影响企业整体的正常秩序与员工个人的基本权利,甚至可能会对企业内部自治结构的变化和演进起到负面作用。

三、企业家关系网难破除

企业家关系网是企业在发展过程中形成的一种人际网络,由于其具有影响力和资源优势,能够对企业的经营和发展产生重要影响。而在进行企业合规工作时,企业家关系网可能会对合规工作产生阻碍,其影响可能体现在以下两个方面:

---

① 参见苏志远、卢菲:《刑事合规体系下企业内部调查:探索、反思与未来图景》,载《黑龙江省政法管理干部学院学报》2021 年第 6 期。

（一）企业家“人治思维”难打破

部分企业的成立和发展与企业的创始人密不可分，实践中，很多经营发展状况良好的企业的创始人通常具有某项专有技术或者特有资源，这是企业获取竞争优势的重要来源。[①] 此外，企业经营发展所依靠的外部关系网也常常与企业创始人具有紧密关系。为保护关系网络、专业技术和重要资源，企业对“外人”常常保持警惕。企业创始人掌控着企业重要决策与核心资源，企业的核心管理团队成员间大多以亲缘或血缘关系为纽带，相互信任。这有助于大幅提高企业决策效率和降低企业管理成本，但随之形成的企业家“一言堂”或“人治思维”却不利于企业建立制度化的管理机制，最终导致企业具有浓厚的企业家个人特质，企业的发展成败与企业创始人密切相关。

企业刑事合规的首要目的是通过制度化、规范化的机制防止企业发生刑事风险，或在企业违法犯罪后通过制度修正，防止企业再次违反法律。企业刑事责任原则关注的核心不再是个人，而是企业本身的组织状况和管理方式。[②] 刑事合规对制度的期望与企业家的人治思维存在冲突。

---

① 参见李拯非、张宏：《创始人特质、家族涉入与小微企业成长》，载《东岳论丛》2020 年第 6 期。

② 参见孙国祥：《刑事合规的理念、机能和中国的构建》，载《中国刑事法杂志》2019 年第 2 期。

(二)企业难容纳独立监督者

部分企业具有较为浓厚的家族化色彩,这导致企业管理相对依赖企业管理者之间的个人信任而不是企业中的制度约束。企业创始人处于企业管理者信任网络中心,属于整个管理团队的支配者。这类企业的管理架构通常较为简单,有利于快速贯彻管理者的意志,企业运行高效。专门从事监督工作的工作者会受到排斥,也可能会损害管理团队之间的信任体系,长久存续较为困难。此种状况下,很难在企业内部建立除创始人以外的可对企业管理团队进行监督的力量。由于企业创始人的特殊地位,企业犯罪常常是在企业创始人的主导下进行的,而有效监督企业创始人十分困难。所以企业建立一个独立而且有权威的刑事合规团队是刑事合规的首要条件。但同时,企业难以容纳独立监督者也成了组建刑事合规团队并开展刑事合规的重要难题。

四、中小企业合规难

我国企业刑事合规最初借鉴国外理论,多以大型企业为适用目标,但是,因我国独特的政治和经济条件,国内实践中则多以中小企业作为刑事合规的主要适用目标,这导致刑事合规理论和实践出现了不相符的情况。

(一)理论研究以大型企业为假定对象

企业刑事合规源自 1991 年的美国《联邦量刑指南》,2002 年安达信案件发生后,企业刑事合规成为美国企业犯罪主流的处理方式。在此之后,企业刑事合规受到重视,并开始在世界各国处理企业犯罪中广泛应用。企业刑事合规得到广泛应用的原因在于,世界各国在处理企业相关犯罪过程中逐步发现,仅通过刑事手段处理企业犯罪往往得不偿失。例如,在“安达信案”中,虽然安达信只被罚款 50 万美元,但在安达信被起诉后,其主营业务资格被吊销,一年之内其雇员人数从 85,000 人锐减至不到 3500 人,企业受到毁灭性打击,大量员工失业,美国经济因此也受到重大影响。正如当时一位检察官所言:“我们起诉了一个企业,换来的只是区区 50 万美元的收益,却导致全球第一大会计师事务所分崩离析,美国经济遭受重创。”①以刑罚推进企业内部进行改革,以刑事合规防止企业再次犯罪,可能是平衡惩罚企业违法行为与保护社会公共利益的最优选择。

刑事合规需要企业与国家共同合作,防止犯罪行为再次发生,这首先需要在企业内部建立有效的治理体系,更需要企业不断完善和调整内部的治理体系防止企业犯罪,减轻国家防治刑事犯罪的压力,最终达成企业和国家双赢的局面。构建完善

---

① 陈瑞华:《企业合规的基本问题》,载《中国法律评论》2020 年第 1 期。

的企业内部治理体系虽然会给企业带来很多长远的利益,但同时也会给企业增添工作流程,降低企业运行效率,提高企业运行成本。大企业通常具有承担企业刑事合规运行成本的能力,而对中小企业来说,烦琐的流程和高昂的合规成本是个无法忽视的难题。所以实践中,域外刑事合规案例大多是围绕大型企业开展的。

我国借鉴与学习的对象是域外刑事合规相关理论,在摸索前进中难免会受到域外话语体系的影响,倾向于将大型企业作为刑事合规的对象,将中小企业轻率地排除在刑事合规对象之外。例如,有学者提出将暂缓起诉协议制度的适用范围严格限制为大规模企业,将其他类型的组织和个人排除在外,以节约司法资源。[①]

(二)司法实践以中小企业为主要对象

我国中小企业提供了全国80%的就业岗位,拥有70%左右的专利发明权,贡献了60%以上的国内生产总值和50%以上的税收。[②] 中小企业在稳定就业、扩大内需、推动技术创新等方面都起着重要作用。但是,我国在刑事合规的理论研究中却常常

---

① 参见崔文玉:《公司治理的新型机制:商刑交叉视野下的合规制度》,载《法商研究》2020年第6期。

② 参见易纲:《小微企业贡献了80%的就业50%的税收 必须要支持》,载凤凰网2018年6月14日,https://baijiahao.baidu.com/s?id=1603212108196154183&wfr=spider&for=pc。

以大型企业为主要对象,殊不知中小企业才应是刑事合规帮扶的重点对象。大型企业的内部管理制度与操作规程相较于中小企业更加完善,对抗风险的能力也相对更强,所以大型企业在实际经营过程中为生存压力铤而走险走上犯罪道路的可能性相对较低。反观中小企业,因为其自身实力十分有限,应对市场风险和环境变化的能力较低,同时在面临风险时又较难获取社会其他资源的帮助,加之其内部控制机制不完善,所以中小企业因自身生存压力走上犯罪道路的可能性相比大型企业更高。在此前 3 年新冠疫情的压力之下,中小企业的生存环境越发恶劣,国家虽然对中小企业推出了多项政策进行帮扶,但中小企业的生存环境仍然不容乐观。目前,虽然营商环境有所好转,但除政策帮扶之外,对中小企业经营所涉及的刑事风险进行一定程度上的司法帮助也是十分重要的,而刑事合规恰恰是对中小企业进行司法帮助的有效措施。

我国的企业刑事合规不但属于司法改革,也具有服务市场与经济大局的重要政治作用。当前我国正在面对经济下行压力,更要注重保护市场主体,检察机关在处理涉及企业犯罪案件过程中,应积极尝试利用企业刑事合规制度处理案件,中小企业应成为重点适用对象。

目前,我国企业刑事合规理论与实践之间差距较大,这导致刑事合规理论研究不能为实践提供充分支持,刑事合规以试点的方式缓慢摸索前进,同时,也阻碍实践经验向理论的转换,阻碍符合我国基本国情的刑事合规理论的进一步发展。

第三节　优化合规方式，减少负面影响

一、专项合规，简约推进

企业刑事合规的目标是避免企业发生刑事风险或者当企业触犯《刑法》后在其内部进行系统性改造，刑事合规的覆盖面广，往往需要投入大量的人力、物力、财力。2018 年国务院国有资产监督管理委员会制定的《中央企业合规管理指引（试行）》规定，“合规管理，是指以有效防控合规风险为目的，以企业和员工经营管理行为为对象，开展包括制度制定、风险识别、合规审查、风险应对、责任追究、考核评价、合规培训等有组织、有计划的管理活动”①。其中“全面覆盖”是合规的基本要求，这就意味着合规需要包含企业各个部门、分支机构、业务领域、全部员工，同时合规也需要贯穿企业决策、执行、监督的各个流程。

---

① 《中央企业合规管理指引（试行）》第 2 条规定：“本指引所称中央企业，是指国务院国有资产监督管理委员会（以下简称国资委）履行出资人职责的国家出资企业。本指引所称合规，是指中央企业及其员工的经营管理行为符合法律法规、监管规定、行业准则和企业章程、规章制度以及国际条约、规则等要求。本指引所称合规风险，是指中央企业及其员工因不合规行为，引发法律责任、受到相关处罚、造成经济或声誉损失以及其他负面影响的可能性……”

所以,企业刑事合规往往需要建立专门的合规委员会,同时确立企业内部管理人员、管理机构的具体职责,管理制度、业务流程等。这将导致企业合规成本较高,需要企业投入大量资金来建立并运行合规体系。例如,湖南建工集团为了满足世界银行的合规要求,投入了大量经费建立合规制度,增设超过百人的合规人员团队,每年的合规经费超过8亿元。[①] 如此高成本的企业合规对于绝大部分企业来说都难以负担,所以企业在制定和执行刑事合规计划时,可以考虑做专项合规、简约合规。

(一)专项合规

专项合规是指对于已犯或有较高风险触犯刑法的企业,将合规建设的目标设定为防范某一类或几类犯罪,而非将全面防范企业犯罪作为合规目标。例如,假设某企业因涉嫌行贿、受贿犯罪而启动企业刑事合规,涉嫌犯罪行为和相关事项的决策工作仅企业家本人可以完成,那么刑事合规工作的目标人员就可仅限于企业家本人,不必包含企业内其他管理人员;企业内部刑事合规工作包含的合规培训、风险发现、举报监督、合规审计与调查等部分的制度也可仅以企业家本人为对象。然而,这类刑事合规工作仅可以防治行贿、受贿犯罪为目标,无法对偷逃税款等其他企业可能触犯的犯罪进行有效规制。但是从实

---

① 参见陈瑞华:《企业合规的基本问题》,载《中国法律评论》2020年第1期。

践中看，大部分企业业务类型相对单一，企业犯罪具有较为显著的类型化与地域化特征，涉嫌犯罪的罪名较为集中，如果因企业涉嫌某一项或某一类犯罪而要求企业将防治所有犯罪作为刑事合规目标，要求企业进行大而全的合规体系建设，将有可能导致资源浪费，也会给企业带来巨大的成本压力。

参考自然人犯罪的规律可知，在自然人因涉嫌某一类犯罪被不起诉后，其经历的漫长流程以及因面临不确定刑罚而产生的长时间内心煎熬往往可以对其起到充分的教育作用，足以让其在不起诉后守法遵规，避免再犯。企业家本人缺乏刑事风险意识与心存侥幸，是导致企业涉嫌犯罪的重要原因，而刑事合规工作足以让企业家警醒。

刑事合规开启试点的时间虽然不长，以上判断虽未得到充分证明，但基于刑事合规的教育意义和企业家在企业经营管理中的关键作用，应当可以起到相应的教育作用。企业经过专项刑事合规规制后，企业家会更加重视企业依法经营的相关事项，避免再次犯罪。

(二)简约推进

简约推进是指在企业进行刑事合规的过程中，对刑事合规的完备性和有效性不进行过分苛求。大型企业员工众多，部门设置错综复杂，往往需要设立专门的合规委员会，指派多名专职员工负责企业的刑事合规工作，而部分中小企业机构设置简单,管理扁平化,则可以根据企业的实际情况,考虑不设置专职负责合规的人员,而选择由企业内部员工兼任合规负责人,或外聘兼职合规负责人。

简约推进合规工作意味着对企业刑事合规的完备性不应要求过高,对企业刑事合规的日常监管可以不设专门合规机构,转而聘请外部力量进行监督指导。大企业财力雄厚、部门复杂、内部分工完备,有能力组建专门的合规机构推进企业刑事合规工作,在外部监管机构完成合规计划审批和初步合规效果的评估工作后,企业内部专门的合规机构可以负责合规工作的日常监督和维护。而中小企业内部结构简单,可能存在一人担任多个工作岗位或企业负责人直接掌管控制企业的情况,这使相对独立的合规部门难以存在。此外,相对独立的合规机构和人员所需要付出的成本也是企业的负担。所以,对企业刑事合规的日常监管可以考虑依靠外部力量。企业提交的刑事合规计划经过有关部门批准后,企业为降低聘请专业人员的成本,可以考虑由第三方代为聘请律师及其他专业人员对企业刑事合规建设进行监督指导。因为企业聘请的律师及其他专业人员可以同时为多个企业提供服务,成本就可由多个企业进行分担,成本可控。同时,由于外聘人员独立于企业管理层,对企业的监督指导会更加独立、客观。在实际的刑事合规工作中,外聘人员可依据需要采取定期巡查、远程指导等方式进行监管,可以通过现场指导监督破解监管人员容易被蒙蔽问题,还可同时兼顾合规的高效、独立,节约成本,以推动企业“真合规”,防止企业“形式合规”。

简约推进合规工作也意味着对企业刑事合规的有效性不应要求过高,对中小企业的要求可适当低于大型企业。如果将大型企业刑事合规的有效性证明标准比作“排除合理怀疑”,那么中小企业的合规标准可适当降低为“优势证据规则”。过于苛刻的合规有效性标准对刑事合规计划和计划的执行要求过高,将导致企业承担过高的刑事合规成本,最终造成企业执行刑事合规的意愿大幅降低,企业在考量是否进行刑事合规时也会在合规有效性和合规成本之间进行平衡。

二、增强企业的刑事合规获得感

企业参与刑事合规的动力不足,很可能源于企业对刑事合规成本与收益的考量。所以要提高企业参与刑事合规的积极性,除降低企业合规成本外,同时也要增强企业在刑事合规中的获得感和成就感。根据目前我国实践中的情况,可考虑从以下三个方面着手。

(一)创设企业合规不起诉制度并扩大适用范围

在我国目前刑事合规的试点企业中,大部分开展刑事合规的案例犯罪情节相对轻微,即便企业没有开展刑事合规,检察机关一般也倾向对案件做不起诉处理。在此种情况下,附加刑事合规条件的不起诉,增加了企业的负担。如果企业没有真正地获得收益,那么进行刑事合规的动力就不足,最终会影响刑事合规的效果。这种情况之所以出现,主要是因为我国目前将附条件不起诉制度仅应用于未成年人犯罪领域,刑事合规试点难以突破现有法律制度,难以给企业太多的收益和激励。因此,从立法角度建立企业刑事合规附条件不起诉制度,适当扩大刑事合规不起诉的适用范围,对推动刑事合规制度不断向前发展很有必要。

(二)将刑事合规作为从宽情节

企业刑事合规诞生于认罪认罚从宽制度之后。在企业犯罪中,认罚是指企业自愿接受司法机关的处罚,同时积极赔偿损失、退赃退赔,认罚中并没有包含刑事合规的相关内容。企业赔偿损失、退赃退赔后,涉嫌犯罪的相关人员即可被认定为认罪认罚,并给予从宽的奖励。假如将刑事合规视为企业认罚的要素之一,则会给企业增添额外的负担,直接削弱企业进行刑事合规的积极性。虽然从性质上看,企业进行刑事合规可以被认为是认罪认罚的表现,但为了增强企业进行合规的积极性,应当适当提高企业刑事合规的作用。例如,可通过司法解释将刑事合规作为新的法定量刑情节,对符合认罚情节同时进行刑事合规的企业,在判处罚金和给相关人员量刑时给予更大幅度的从宽处罚。

(三)对主动事前合规的企业给予更大优惠

考察企业刑事合规的效果时,不仅要看企业刑事合规的成果,还要考量该项合规对其他企业的影响,看其能否起到“合规一个企业,影响一片企业”的一般预防效果。如果在涉案企业刑事合规工作的带领下,其他企业能够提前进行刑事合规,那么就能够在一定程度上从源头避免其他企业犯罪行为的发生,合规效果会更加显著。但如果企业因为合规成本高、从宽幅度小等因素,进行事后合规的积极性都不高,那么能主动进行事前合规的企业就更少了。为了调动企业进行事前合规的积极性,除了对事前合规的企业及相关责任人员在起诉、量刑等方面进行从宽处理外,还可以在企业税收优惠、资质评定、行政处罚减轻等方面给予事前合规的企业更多优惠政策,增强企业获得感,鼓励企业进行事前合规。

三、以协商模式主导企业内部调查

在实践中,企业刑事合规过程中的内部调查分为两种完全不同的模式:具有刚性的“压制模式”和具有韧性的“协商模式”。压制模式强调企业的单方意志支配,其内涵为“命令与服从”,企业将员工视为管理对象,在企业内部调查的过程中,对员工自上而下进行支配控制。在这种压制模式下的企业内部调查过程中，若不进行合理规制，可能会出现类似于刑事侦查活动中强制措施的暴力手段，将对企业造成多种不利影响。一方面，压制模式可能严重侵害企业正常生产经营秩序，使企业陷于不安定的状态之中。这种只看重企业整体利益而不顾员工个人权益的行为，将严重减损员工的合作意识与责任感等品格，甚至导致员工丧失对企业的归属感与认同感。另一方面，压制模式可能对员工的基本权益造成侵害。当企业内部调查受到来自任务目标的强大压力，可能会出现多种压制手段，将员工工具化、手段化，严重忽视员工的主体地位和正当权益。

相较于企业内部调查的压制模式，协商模式更强调在理解认同的基础上进行协商沟通。协商模式需要从企业内部建立平衡，而非从外部强行施加压力，该模式将企业员工看作合规工作的主体，通过对话、谈判等非强制手段使员工参与企业刑事合规工作，在完成企业内部调查的同时，有利于企业内各部门员工的协同合作，维护刑事合规工作的稳定秩序。利用较为灵活的内部调查方式，将以自律为核心的企业刑事合规理念和企业合规文化渗透进员工内心，可以很好地化解企业内部调查过程中的对抗与冲突。协商模式可以通过多种角度的共同作用，在微观上督促员工自觉遵守法律法规和企业内部规章制度，也能在宏观上促使企业守法依规经营，从而很好地实现企业内部调查的目标和定位。相较于压制模式中的刚性稳定，协商模式中的韧性稳定可以潜移默化地从合规文化角度在员工的深层观念中植入企业运行的规范模式。

(一)缓和冲突,调查手段选择兼顾员工权利保护

企业内部调查与员工基本权利保护,体现着各方的正当利益。一方面,如果在内部调查中加入过多职权性因素,在缺乏有效规制的程序中采用带有强制性的调查手段,将可能产生侵犯员工个人权利的情况,有损社会和企业内部的安定和谐。另一方面,在企业开展内部调查的过程中,如果企业利用其经营办公场所的便利,在行使管理权、调查权等权利的过程中获得了员工的隐私资料,随后利用刑事侦查的手段和思维,采取过于激进的调查策略、取证方法,询问技巧等,将可能造成事实认定错误,甚至产生侵犯员工权利的重大不利影响。

在企业内部调查与员工权利可能存在冲突的情况下,企业应该优先采用协商模式,明晰调查工作的限度和边界。例如,企业可以在制度约束下在员工工作场所内安装视频监控设备、备份储存员工工作邮箱的邮件、检查员工工作设备等,在不侵害员工基本权利的前提下,视具体情况调整企业和员工之间的关系,将两种权力调和共存。以企业检查员工工作设备为例,在"冯漪诉四川中达凌志汽车有限公司劳动争议案"①中,为了

① 冯漪诉四川中达凌志汽车有限公司劳动争议案,四川省成都市中级人民法院(2014)成民终字第4219号民事判决书。

确认冯漪是否在办公时间通过电脑浏览与工作内容无关的网站，中达公司在没有事前通知冯漪的情况下，将冯漪工作电脑中包括私人文件在内的全部资料进行拷贝检查。法院认为，对员工工作电脑进行监控系企业行使管理权的体现，且员工工作电脑中不应当存放私人文件资料，因此企业在监控过程中获取个人资料及文件不属于侵权。如企业在实际经营中基于企业正当的利益确有类似需求，可以通过事先签署相关告知文件、设置系统防火墙等措施来实现，兼顾保护企业员工的权利。

（二）良性互动，企业与员工之间协商形成合意

因为企业聘请外部会计师和律师进行刑事合规内部调查的方式缺乏法律的明确规定，所以企业聘请的外部调查机构可能会威胁、恐吓员工。此外，刑事合规企业内部调查工作由于收集与固定证据能力不足等原因，难以达到公安机关的立案标准，调查手段受到限制，所以应当增强企业与员工的良性互动，将上述问题通过协商模式进行解决。

在协商模式的路径中，企业内部调查是进行刑事合规探索与刑事合规体系优化的一种尝试，可以充分发挥刑事合规的正向激励效应。如果企业的内部调查工作可以形成企业与员工的共同合意，不仅可以使内部调查工作稳步进行，还可以将本应该消耗司法资源的调查事项借助企业内部调查进行查明节约司法资源，更可以在充分保护员工与企业双方的基础上达成

最优的一致结果。

首先，关于调查目的，可以通过协商方式减轻被调查员工的惩罚措施，以教育为主、惩罚为辅。例如，可以调整员工岗位但仍保留其职级，以此争取被调查员工的配合，提高效率，节省资源。其次，关于调查过程，可以尊重被调查员工的意愿，在刑事合规当中保证程序正义，从而保障人权。最后，关于调查结果，协商模式可以在明确基本事实的基础上探索纠纷的最佳解决方案。企业以协商模式为指导思路，与员工充分协商细化各项工作，可以便捷高效地完成内部调查，而不必实施更多强制手段。

（三）制度构建，创设民主沟通机制

刑事合规企业可以参考《劳动合同法》中的民主程序，借鉴其思路，在员工与企业间建立沟通桥梁进行高效协商，从而为后续建立沟通机制打下基础。通过事前告知、事中调查以及事后处理等阶段使员工与企业间形成协商的合意，确立企业内部调查行为的边界。

例如，企业可以在劳动合同中明确约定企业可以在特定情况下对企业员工进行某种程度的调查，或在企业员工领取工作电脑前要求其签署相关知情同意书，从而提前明确告知员工相关调查事项。以此让员工以主动参与者的身份加入企业内部调查程序中，借此凝聚企业与员工的共识，使员工可以对调查

结果产生影响，从而充分尊重企业员工的主观意愿，发挥其意思自治，最终使刑事合规内部调查工作全过程体现民主商谈的理念，有效化解矛盾纠纷。

2021 年 6 月，最高人民检察院公布了四个企业合规改革试点的典型案例，这些案例是刑事合规体系建设最新实践成果的生动诠释。这些案例揭示出司法机关通过指导企业制定详尽的合规方案、建成合规管理制度并完善企业风险防控机制等措施，使企业"起死回生"。在这些案例中，企业内部调查制度建设是核心因素，需要更多实践探索和理论研究。因此，我国将重点聚焦于企业内部调查体系建设上，并通过不断实践、反思，最终发现企业内部调查的运行应该采用协商模式。虽然目前企业开展刑事合规工作的原因大多是涉及刑事犯罪或受到检察机关的推动，但是，刑事合规作为企业内部的一种风险防控机制，其定会在不久的将来实现由被动合规到主动合规的转变，并在全国各地的各类企业中广泛应用。在合规过程中，企业内部调查的开展应充分满足协商合意的要求，在企业与员工平等的商谈合作中达成防范和治理企业犯罪的目的。

四、合规制度建设与个人约束并重

相较于自然人，企业作为市场主体通常具有较强的制度性，同时也存在较强的企业家个人特质，因此，仅仅依靠制度的力量不能实现对企业的有效矫正。所以在企业刑事合规之中,需要兼顾企业制度建设与企业核心管理人员的个人约束。在我国当前市场环境中,企业刑事合规建设的必要性已经不言而喻,因此我国应当以实际作用为导向,依据不同企业的特点,重视并共同强化企业内部的制度建设和对企业管理者个人的约束,将两者放在同等重要的地位,并将两者共同作为指导企业进行刑事合规建设的根本思路。

目前我国的刑事合规强调从制度层面入手,企业提交的刑事合规计划重点强调与企业涉嫌犯罪有密切关联的企业治理结构或岗位,并着重分析、发掘企业规章制度和企业员工管理等方面存在的问题,以及构建企业刑事合规组织体系、加强合规风险防范报告机制、完善企业业务管理流程等方面的建设。但是,这种强调制度层面入手的企业刑事合规与企业家本人特征间契合程度并不高。因为企业创始人的个人权威与企业内部控制制衡机制缺乏,企业刑事合规整改的最终效果在很大程度上取决于企业家的个人意志。因此,在对企业提交的刑事合规方案进行评估时,检察机关在注重考量企业内部合规机制建设的同时,应将企业家个人情况,例如,犯罪记录、司法诉讼、个人征信等情况一并作为考量对象。此外,企业家个人的调查报告和企业调查报告应共同作为企业刑事合规的判断材料。最后,在对企业决定开展刑事合规工作时,应参照我国《刑法》中的禁止令制度,为企业家设置相关的行为规范,将企业家及相关人员的遵守情况作为考察企业刑事合规成果的一部分。

五、小微企业以共享思维推进刑事合规建设

大型企业通常有较为复杂的管理制度，且业务庞杂、工作环节多，拥有员工数量多，所以更依赖明确的制度来进行管理。制度越详细具体，不同企业之间的制度通用性就越小，某一合规方案的通用性就越低，因此大型企业的合规方案需要量身定制。企业合规方案无法照搬也就意味着相应责任将由企业独立承担，这就是大型企业合规成本高昂的原因之一。相反，小微企业业务比较简单、员工数量少，内部管理相对容易，更多依赖管理层的“人治”，这在客观上减少了企业依照制度治理的需求。过于复杂的制度化合规要求增加了小微企业的合规成本，也不符合其实际需求。因此，与大型企业相比，小微企业合规中的制度建设是不完善的、被忽略的，虽然不能帮小微企业达成精细化管理目标，但为制度合规的通用性提供了机会。恰当的刑事合规方案可以作为同行业小微企业刑事合规的基准。小微企业刑事合规会对管理者进行权利的约束和责任的明晰，使制度中不完善的、被忽略的部分可以通过对人的管理来弥补。对企业管理层的管理更容易以类型化规范进行制约，因此，对小微企业刑事合规应以共享思维实施。共享即可复制性，一个小微企业的合规模板可以直接分享给同行业内的其他

小微企业使用。这使在推进小微企业刑事合规建设中,应关注小微企业违法违规的行业共性问题,制度建设须以这些共性问题为基石。

以共享思维推进合规建设,不是让我们忽略小微企业刑事合规的个性化需求,而是相较于大型企业的“定制型”合规,小微企业可以在“共享”模板下进行针对性调整。这种共享的合规模板意味着小微企业分担了刑事合规成本,降低了单个企业的合规成本,符合小微企业经济薄弱的特点。从宏观来看,如果由国家资助小微企业推进刑事合规建设,以共享理念为依托可以减少公共资源的投入,缓解中小企业的资金压力。

六、调动检察官适用合规的积极性

刑事合规是一种刑罚替代机制,它使多方受益。检察官未必会对涉案企业适用刑事合规,因为刑事合规通常会增加检察官的工作量。与正常起诉犯罪嫌疑人和涉案企业相比,刑事合规会耗费检察官更多的时间和精力。检察官适用刑事合规时,不仅要对案件事实充分调查,还要对企业进行摸底,全方位了解企业的发展情况、经营规模、信用信息、社会贡献、司法诉讼活动信息、司法诉讼活动信息、行业评价以及刑事处罚后可能造成的影响等。检察官在起诉案件和定罪量刑时通常不需要了解这些信息。刑事简化程序改革的历史已充分说明,检察官并不喜欢增加工作强度的改革。一方面,一些企业事务透明度较低,检察官很难获取该企业的合规信息,获取相关信息更依赖于检察官个人的调查能力和责任心,这使检察官对企业刑事合规建设更加抵触。另一方面,刑事合规会给检察官增加更多的个人责任风险。在各类执法检查中,不起诉的案件总是引起重点关注。我国刑事诉讼以有罪必诉为基色,对于因为合规而不起诉等使程序终止的操作,承办人可能被认为徇私枉法。合规条件的评估带有较强的主观色彩,例如,对于企业发展前景的评估,不同的人持不同的观点,这令进行刑事合规的检察官有很大可能性面临非议。一些检察官可能为避免非议,对案件能诉则诉,这是我国起诉率长期居高不下的主要原因之一。作为处理案件的重要一环,检察官在刑事合规中也面临着这种责任风险与选择难题。若要解决上述问题,需要从以下三个方面入手。

第一,使检察官树立"能合规尽合规"的理念。企业是否进行刑事合规,很难用清晰的硬性标准进行衡量,检察官的判断常常带有一定的个人主观色彩,合规与否可能仅取决于承办人的一念之差。刑事合规在我国作为一种全新的企业犯罪案件分流方式,对于社会与涉案企业及相关人员的利益可以进行更好的平衡。检察官是否能够深刻理解刑事合规工作对于社会和企业的加值,是否能从案件的法律效果与社会效果相统一的思考角度尝试摆脱"就案办案"的惯性思维,将会对企业刑事合规工作的开展产生深远影响。最高人民检察院已经对刑事合规工作的政治、社会价值进行了充分阐释，能否在全体检察官的观念中树立“能合规尽合规”的理念，能否在涉案企业符合刑事合规条件时尽可能对其适用合规进行司法分流，能否用“能合规尽合规”的理念化解“有罪必诉”的思维，事关我国经济发展与法治社会建设。

第二，调整检察官绩效考核指标，鼓励其积极适用刑事合规。绩效考核指标对检察官的业务行为具有指引作用，所以在引导检察官建立积极适用企业合规理念的同时，也应在检察官的绩效考核指标上进行相应调整，使其与侧重社会效果的刑事合规工作相互兼容，改变其现有的以效率为基本导向的绩效考核机制。刑事合规的调查与考察常常需花费较长时间，而当前检察官审查起诉的时间又经常不足，通常需要通过延长期限进行弥补，而延长期限在现有的检察官考核机制中属于负面评价因素，所以如果不及时调整检察官绩效管理考核指标，将直接损害检察官推行刑事合规的主观积极性。

第三，利用信息数据为检察官的企业刑事合规工作减负。检察官需要对企业各个方面的情况进行详尽的调查分析后才能判断是否对企业进行刑事合规，而这种详尽烦琐的调查工作，既包括传统的实际走访企业以及相关政府和工商部门，也包括利用税务、银行、市场监管部门、公安机关、司法机关等已有的数据信息。这些数据信息具备较高的真实性，可以精准反映企业的经营状况并排除大部分主观因素。利用信息数据可以降低检察官的工作负担,提高其适用刑事合规的积极性。随着目前数字化社会的不断发展,通过大数据技术让“数据跑路”代替“承办人跑腿”的效能优势会越来越明显。

第四节 作难而正确的合规

防范风险和符合监管要求,是任何一项合规的出发点。企业刑事合规虽然发端于合规不起诉制度,但如果只是将刑事合规建设作为获取涉刑犯罪宽缓处理的筹码,对企业而言“初心”不纯,对律师而言“使命”不正,最终可能会因为“刑事合规”变成“形式合规”,不得不付出更大的代价。

从最内核的价值来看,企业构建刑事合规最重要的是有效预防刑事法律风险,防止企业和员工刑事犯罪,避免给企业的正常生产经营活动造成不利影响,从而最终促进企业稳定、持续、健康发展。刑事法律风险的来源是多方面的,有企业外部原因也有企业内部原因,有故意犯罪也有无心之失,通过构建刑事合规制度,对存在的隐患进行有效整改,对企业风险点进行有效管控,可以实现防范刑事法律风险的目的。

在个人和企业的行为中,遵守法律和道德准则,尊重他人的权利和利益,积极维护公共利益和社会责任,都是作困难而正确的事情。虽然在某些情况下,困难而正确的事情可能会导致短期的不便或者损失,但是它可以帮助我们建立可信、可靠、健康和可持续的个人和组织形象,并为个人和社会创造更大的长期价值。

一个负责任的企业应该作艰难而正确的事情。艰难而正确的事情可能会带来挑战和风险,但是这种行为是有道德和负责任的,有助于个人和社会的长期利益和发展。相反,做容易而错误的事情可能会带来短期的利益,但是会在长远中造成负面影响和后果,损害自己和其他人的利益和权益。

一个企业决意要犯罪,再完备的合规体系也难以阻挡。对于成长在成熟的法治体系中的现代化企业,成熟的合规体系会成为犯罪的障碍,但是对于我国大量深度依赖企业家个人魅力的民营企业来说,再完善的合规体系也难抵挡企业家的一意孤行。

作为刑事立法与司法的主导者,国家应考虑在立法与司法层面对企业践行合规治理予以积极回应,肯定合规计划之于涉罪企业在刑事程序法与实体法方向上的积极意义,在现行法的框架下鼓励检察机关对符合条件的企业酌定不起诉,并积极辅之以制作检察建议书、设立独立合规监督人等方式促使企业践行合规。

当今越来越多的中国企业走出国门、走向海外,在异国他乡开拓市场、开展竞争。企业逐利,无可厚非,企业需要赚钱,但企业更需要安全合法地赚钱。因此,合规经营应当成为每一个企业时刻紧绷的一根弦。通过合规计划这种制度化的自我规制不仅能够准确识别、评估企业运行中的合规风险,而且能前瞻性地制定妥善的预防措施及危机应对机制。共同的利益诉求为国家与企业在合规治理中的合作提供了动力、奠定了基础,而合规计划具有的犯罪预防功能与我们所倡导的积极的一般预防刑法观不谋而合,更契合了风险社会来自国家与公众对不确定风险积极管控的需要;在企业危急时刻,允许代表国家的司法机关与涉案企业通过协商、洽谈方式妥善处理问题,肯定第三方力量在合规治理中的积极作用,也是协商治理理论在现代刑事司法中的运用。

道阻且长,行则将至;行而不辍,未来可期。作难而正确的事,行合规长远之路。

第七章　刑事合规典型案例及办案手记

案例一：王某某泄露内幕信息、金某某内幕交易案[①]

一、基本案情

广东K电子科技股份有限公司(以下简称K公司)长期从事汽车电子产品研发制造,连续多年获国家火炬计划重点高新技术企业称号,创设国家级驰名商标,取得700余项专利及软件著作权,2018年开始打造占地30万平方米、可容纳300余家企业的产业园,已被认定为国家级科技企业孵化器。被告人王某某系K公司副总经理、董事会秘书。

2016年12月,K公司拟向深圳市C科技股份有限公司(以

① 该案入选2022年7月21日最高人民检察院发布的《涉案企业合规典型案例(第三批)》。

下简称 C 公司)出售全资子公司。2017 年 1 月 15 日,K 公司实际控制人卢某某与 C 公司时任总经理张某某达成合作意向。同年 2 月 9 日,双方正式签署《收购意向协议》,同日下午 C 公司向深交所进行报备,于次日开始停牌。同年 4 月 7 日,C 公司发布复牌公告,宣布与 K 公司终止资产重组。经中国证券监督管理委员会认定,上述收购事项在公开前属于内幕信息,内幕信息敏感期为 2017 年 1 月 15 日至 4 月 7 日。被告人王某某作为 K 公司董事会秘书,自动议开始知悉重组计划,参与重组事项,系内幕信息的知情人员。

2016 年 12 月和 2017 年 2 月 9 日,被告人王某某两次向其好友被告人金某某泄露重组计划和时间进程。被告人金某某获取内幕信息后,为非法获利,于 2017 年 2 月 9 日紧急筹集资金,使用本人证券账户买入 C 公司股票 8.37 万股,成交金额人民币 411 万余元,复牌后陆续卖出,金某某亏损合计人民币 50 余万元。

2021 年 8 月 10 日,北京市公安局以王某某、金某某涉嫌内幕交易罪向北京市人民检察院第二分院(以下简称市检二分院)移送审查起诉。审查起诉期间,市检二分院对 K 公司开展企业合规工作,合规考察结束后结合犯罪事实和企业合规整改情况对被告人提出有期徒刑二年至二年半,适用缓刑,并处罚金的量刑建议,与二被告人签署认罪认罚具结书。2021 年 12 月 30 日,市检二分院以泄露内幕信息罪、内幕交易罪分别对王某某、金某某提起公诉。2022年1月28日,北京市第二中级人民法院作出一审判决,认可检察机关指控的事实和罪名,认为检察机关开展的合规工作有利于促进企业合法守规经营,优化营商环境,可在量刑时酌情考虑,采纳市检二分院提出的量刑建议,以泄露内幕信息罪判处王某某有期徒刑二年,缓刑二年,并处罚金人民币十万元,以内幕交易罪判处金某某有期徒刑二年,缓刑二年,并处罚金人民币二十万元。

二、企业合规整改情况及效果

一是强化事先审查,确保个人犯罪中企业合规开展必要性。案件办理期间,K公司提出王某某被羁押造成公司业务陷入停滞,主动作出合规经营承诺。市检二分院向K公司负责人、投资人及合作伙伴多方核实,调取企业项目资质、决策会议记录等证明材料,了解到K公司正处于从生产制造模式向产融运营模式转型的关键阶段,王某某长期负责战略规划、投融资等工作,因其羁押已造成多个投融资和招商项目搁浅,导致涉十亿元投资的产业园项目停滞,王某某对企业当下正常经营和持续发展确有重要作用。市检二分院综合考虑犯罪情节、案件查证情况及王某某认罪认罚意愿,及时回应企业需求,变更王某某强制措施为取保候审。同时,鉴于K公司具有良好发展前景,且有合规建设意愿,检察机关经审查评估犯罪行为危害、个人态度、履职影响及整改必要性等因素，于 2021 年 9 月 8 日启动企业合规工作。

二是找准合规风险点，精准提出检察建议。市检二分院结合案件审查情况，在 K 公司保密制度缺失、人员保密意识淡薄等表象问题外，挖掘出治理结构风险、经营决策风险、制度运行漏洞以及外部关联公司风险等多项深层次合规风险，为制发精准有效的合规整改检察建议奠定基础。2021 年 10 月 11 日，针对投资参股型企业经营特点，检察机关向 K 公司制发检察建议书，建议 K 公司及其必要的关联公司、子公司共同整改，同步建立资本运作信息保密专项制度，并通过调整治理结构、配备责任主体、规范工作程序、加强员工培训等管控措施保障制度落实。

三是及时启动第三方监督评估机制，监督引导企业进行专项整改。为进一步实现检察建议具体化、可行化和专业化落地，确保企业合规整改取得实效，市检二分院决定适用第三方监督评估机制，监督、引导涉案企业进行合规整改。第三方监督评估组织对照检察建议，在尽职调查基础上，根据股权控制关系、业务关联程度、管理层交叉任职情况等因素筛选出三家重要子公司同步参加整改，以合规风险自查清单形式引导企业逐员、逐部门排查合规风险点并作出具体整改承诺，以监管清单形式对企业合规计划提出专业性意见。在第三方监督评估组织监督、引导下，K 公司制定了涵盖组织体系、保密对象、制度重建、运行保障、意识文化以及主体延伸等多个层面的信息保密专项合规计划，并聘请专业合规团队辅导公司逐项完成，规范配置经营决策权，建立体系化信息保密管理和考核制度，新设合规管理责任部门，实现合规管理流程全覆盖，组织开展了辐射内部员工、关联公司以及产业园区企业的专项培训。

四是注重多措并施，确保合规审查结果科学公正。2021 年 12 月 20 日，经过两个月合规考察，第三方监督评估组织参照检察建议和相关合规指引对 K 公司整改情况进行评价。针对此次专项合规整改特点，量身定制了包括检察建议完成情况、合规方案、合规文化培育等 12 个模块 65 项评价要素的评价体系，将企业合规整改工作逐项拆解评分，再累加汇总，最终第三方监督评估组织认为 K 公司整改效果达到良好等级，并出具了合规考察报告。2021 年 12 月 23 日，市检二分院邀请多位合规领域专家学者作为听证员举行听证会进行公开验收，听证员认真听取合规工作各参与主体介绍涉案企业整改情况，追问评估考察方式、合规责任主体、合规经费投入等细节问题，并在经过闭门评议后发表听证意见，一致同意通过 K 公司合规整改验收。

2022 年 5 月，K 公司完成整改以来，产业园项目已顺利竣工等待验收，王某某主导的约 2000 万元投资和基金项目均已按照新规章制度稳步推进。

三、典型意义

1. 积极稳妥探索可能判处较重刑罚案件适用合规改革的全流程办案机制。本案中犯罪嫌疑人可能判处三年以上有期徒刑,但在涉案企业的经营活动中具有难以替代的作用,简单化起诉、判刑不利于涉案企业正常经营发展,且企业具有强烈的合规意愿。检察机关在侦查、起诉与审判三个主要程序环节上均充分利用了合规工作的有效措施,通过在侦查程序中慎重采取强制措施、在审查起诉环节督促开展专项合规整改、起诉后基于合规整改情况提出宽缓的量刑建议,融通了三个主要程序环节中的合规工作,对可能判处较重刑罚案件如何适用合规改革作出有益探索。

2. 充分发挥检察职能优势,探索检察机关全流程主导的合规路径。检察机关多措并举进行合理安排、科学衔接、有效配置,积极实践"检察建议宏观把控 + 检察主导第三方考察 + 检察听证事后监督"的企业合规路径。一方面借助案件审查和检察建议调查程序,深入挖掘犯罪成因,避免"头痛医头,脚痛医脚"式合规;另一方面积极推动检察建议与第三方监督评估相互融通,并通过第三方监督评估组织《工作周报》《定期书面报告》等联系机制动态掌握整改进程,及时解决整改问题;此外,在整改结束后向第三方监督评估组织和专家学者借智借力,以第三方监督评估组织量化式评估验收确保评价体系公开透明，以公开听证展示合规依法公正。

3. 因案施治，依托专项合规推动民营企业完善法人治理结构。本案虽是针对泄露内幕信息和内幕交易犯罪案件开展的专项合规，但检察机关发现并通过第三方监督评估组织调查了解到，K公司存在家族式治理、关键人控制、实际决策人与职权分离等民营企业常见的内控失调现象，如脱离个案的特殊情况片面开展专项合规势必不能取得良好效果。为此，检察机关决定以内幕信息保密合规为契机，推动涉案企业向现代企业法人治理结构积极转变，为企业的健康发展打牢法治根基。

4. 依托涉案企业合规改革试点，强化资本市场非上市公司内幕信息保密合规管理，涵养资本市场法治生态。资本市场是信息市场加信心市场，健全内幕信息保密合规管理，是提振投资信心的重要体现。但内幕交易案件暴露出，企业内幕信息保密管理缺失会引起内幕信息泄密风险，诱发内幕交易，在扰乱证券市场秩序的同时，侵害了广大投资者的合法权益。尤其是作为上市公司交易对方的非上市公司，在行政监管相对薄弱的情况下，更应该加强自身合规管理。该案作为全国首例开展涉案企业合规工作的证券犯罪案件，检察机关坚持惩治犯罪与助力维护资本市场秩序并重，依托涉案企业合规改革积极推动资本市场非上市公司更新合规理念，对标上市公司健全自身合规管理体系，培养全链条合规意识，将外部监管类规定内化为自律合规要求，提高资本运作规范化水平，助力营造资本市场良好法治环境。

四、办案手记

该案是全国第一例证券类合规案件，也是北京市合规案件第一次入选最高人民检察院合规典型案例。该案曾先后被《人民日报》《证券日报》《证券时报》等多家知名媒体深度报道，更入选最高人民检察院典型案例。

本案由笔者组建团队代理。刑事辩护团队第一时间发掘、固定案件所有法定从轻或者减轻量刑情节，为刑事合规启动创造必要条件。同时，在侦查、审查起诉和审判过程中，刑事辩护团队全面研判当前合规政策走向，找准时间窗口，及时主动向办案机关申请启动刑事合规审查，并同步为当事人争取取保候审。检察机关同意进行合规整改后，专业非诉团队介入，辅助企业制定合规整改方案，顺利完成合规整改，并通过第三方评估考核。最终，法院采纳了刑事团队的全部辩护意见，并将合规整改情况作为重要量刑情节充分予以考虑，判处检察机关量刑建议中的最低刑期。

（一）专业判断，依托大数据分析，合理制定诉讼方案，为取保和合规创造条件

在接受客户委托后，刑事辩护团队根据当事人的陈述和证

监会行政处罚决定书的内容,认为此案涉嫌泄露内幕信息、内幕交易犯罪,且均已经达到“情节特别严重”的情形,根据《刑法》规定,可能被判处5年以上有期徒刑。刑事辩护团队根据多年的实践经验和对泄露内幕信息、内幕交易罪进行大数据分析、评估,认为在自首的情况下获得减轻处罚判处缓刑的可能性极高,建议两名当事人主动投案自首。两名当事人权衡利弊后,打消了顾虑,采纳了各自律师的建议,分别到公安机关投案自首,为本案后续取保与合规顺利进行创造了有利条件。

(二)综合研判,全力以赴,推动合规整改启动

K公司正处在从生产制造模式向产融运营模式转型的关键阶段,而王某某在K公司和多个关联企业负责战略规划与投资,主导多项投资、基金、合作项目。王某某被逮捕后,由于羁押时间过长,导致K公司和多个关联企业陷入重大生存危机,大量项目停摆,投融资和招商项目搁浅,涉10亿元投资的产业园项目停工。刑事辩护团队多次会见当事人了解上述情况,并与K公司进行了多轮沟通,促使K公司深刻认识到本案适用合规整改的重要性与必要性。

刑事辩护团队及时把握北京市被纳入第二批企业合规改革试点范围的时机,在详细了解企业的相关运营情况、协助K公司及关联公司解决了部分运营中遇到的困难、对王某某在企业的工作进行了细致梳理后,主动与检察官进行多次沟通,提

交充分的材料证明 K 公司及关联企业的现状和经营困难等问题，申请变更强制措施，并与检察官在沟通中重点探讨了刑事合规的可能性，强调了企业有强烈的合规整改意愿。在检察机关对证券类犯罪合规整改并不排斥的情形下，刑事辩护团队在最短时间内，主动提交了合规整改申请书、合规整改承诺书等材料，最终获得检察机关同意，对当事人取保候审，并启动合规整改。

（三）不计成本、群策群力，顺利通过第三方评估验收

合规整改启动后，为了有针对性地、高质量地完成专项刑事合规整改，由非诉团队辅导企业逐项完成合规整改内容，不计成本、群策群力，充分发挥非诉部门和刑事诉讼部门各自优势，提出了多项具有针对性的合规整改建议，被企业采纳并落实，最终完成整改；在合规整改完成后帮助制作整改报告，最终在第三方评估、考核、验收中取得良好成绩。

首先，辅导 K 公司逐项、全面落实检察建议中提及的整改内容，将检察建议作为贯穿整改过程的风向标，精准有效地进行合规整改；对公司治理结构、经营决策、制度运行漏洞以及外部关联公司等存在的多项风险进行深层次合规，避免合规整改的形式化。

其次，对 K 公司及关联公司、子公司进行同步整改，制定了涵盖组织体系、保密对象、制度重建、运行保障、意识文化以及主体延伸等多个层面的信息保密专项合规计划，最大限度实现

合规整改的有效性，毕其功于一役，规避并预防潜在的关联性风险。

再次，以信息保密制度建设为切入点，对企业经营管理过程中的漏洞进行全面的系统性整改，避免“头痛医头，脚痛医脚”，规范配置经营决策权，建立体系化信息保密管理和考核制度。

最后，在K公司和关联企业、子公司经营决策领域设立合规委员会和合规专员，建立全面可持续的企业合规体系，对K公司及关联公司、子公司进行常态化合规，实现合规管理流程全覆盖；组织开展辐射内部员工、关联公司以及产业园区企业的专项培训，避免企业再次出现刑事风险；将企业合规打造为核心竞争力，为企业经营发展保驾护航。

在合规整改完成后，检察机关邀请合规领域专家学者对合规进行听证，第三方监督评估组织对合规整改效果进行全面评估，给出良好成绩，并出具合规考察报告，最终本案合规整改效果得到专家学者的一致好评。

（四）追求卓越，不负重托，穷尽量刑情节，争取最轻量刑

案件合规整改完成后，辩护人提出不起诉的意见，但中共中央办公厅、国务院办公厅出台《关于依法从严打击证券违法活动的意见》，提出对证券犯罪“零容忍”、严惩治的大背景下，检察机关提出了判处二年至二年半有期徒刑，适用缓刑，并处

罚金的量刑建议。在案件审判过程中，辩护人基于本案当事人具有自首、认罪认罚情节，无前科、劣迹，人身危险性较低，K公司合规整改通过评估，穷尽了法定及酌定的量刑情节，提出判处当事人二年有期徒刑，缓刑二年的建议，最终被法院采纳，将刑期与缓刑考验期都压缩到了最低。

最高人民检察院在K公司合规典型案例要旨中指出："办理民营企业高管涉证券犯罪案件，要兼顾惩罚个人犯罪和保障民营企业合法权益、激励民营企业合规建设的双重目标。"在专业律师团队辅导下的合规整改，可以有效帮助涉案民营企业对标和实现上述目标，促进K公司完善公司治理结构，增强民营企业特别是民营上市公司应对重大法律风险的能力，促进民营企业可持续健康发展。

案例二：J公司销售假冒注册商标的商品案

一、基本案情

M公司承建某高速公路项目，J公司中标成为该项目的上游供货商，合同约定由J公司向项目方提供G钢材厂生产的A品牌钢材，受新冠疫情等因素影响，G钢材厂无法按预定时间交付A品牌商品，为了赶工期，J公司将G钢材厂生产的B品牌钢材更换为A品牌的标签供给该项目。J公司涉案金额达数百万元,非法获利金额数十万元。此次涉案人员包括公司法人及销售员,均因涉嫌销售假冒注册商标的商品罪被批准逮捕。

二、案件背景

J公司是某县级市的小微企业,于当地经营多年,其主要业务范围是为基建类工程提供建筑耗材。虽然J公司的规模不大,但其曾参与过众多省内外重大基建工程项目,因此J公司对社会及当地发展都作出过突出贡献。本次J公司与项目承建商签订的钢材合同金额为几千万元,私自更换的一小部分钢材销售金额为数百万元,该部分获利仅有数十万元。

项目合同约定本次J公司需向项目提供G钢材厂生产的A品牌钢材。G钢材厂共生产A与B两种品牌的钢材,产品质量相同,且均符合本案高速公路项目建设需求。项目建设期间正赶上新冠疫情暴发,导致G钢材厂的A品牌钢材无法按时交付。若J公司无法向承建商按时交付钢材,将会严重影响工程进度,并面临高额违约金。基于此,J公司曾向项目方申请增加B品牌钢材的供货,但项目方一直拖延,未做正面回应。J公司考虑到A、B两品牌钢材同是一家厂商生产,质量一致,为了能如期交付,不耽误项目工期,决定将B品牌钢材贴上A品牌商标并供货。

本案的争议焦点主要有两个：一是二次涉嫌刑事责任（非同种罪）的公司，是否能够成为合规不起诉的适格主体。几年前，J公司曾在税务问题上涉刑。当时，案件移送检察院后，检察官考虑到该案涉案金额较小，企业认罪悔罪态度较好且已主动补交税款、支付罚款等诸多情节，最终对该次涉税案件作出了不起诉决定。本次J公司涉嫌的罪名是销售假冒注册商标的商品罪，该罪侵犯的客体是国家对知识产权的保护，与几年前的涉税犯罪并非同一种类罪。尽管在2021年最高人民检察院联合九部门发布的《关于建立涉案企业合规第三方监督评估机制的指导意见（试行）》中并未明确规定二次涉刑企业不得进行合规整改，但在实践中，由于缺乏明确的政策性文件指引，所以二次涉刑企业能否成为适格的合规不起诉主体依然有争议。

二是对涉案数额的认定存在争议，本案的涉案金额应当属于“数额较大”还是“数额巨大”存在不确定性。检察院最初关于这个问题存在不同意见，有意见认为，按照最高人民法院、最高人民检察院《关于办理侵犯知识产权刑事案件具体应用法律若干问题的解释》（法释〔2004〕19号）第2条及第15条之规定，销售金额在75万元以上的，属于“数额巨大”，本案中J公司销售假冒注册商标钢材的金额为数百万元，符合“数额巨大”的标准，应被判处3年以上7年以下有期徒刑。然而，律师认为，J公司在本案中违法所得数额属于“数额较大”而非“数额

巨大”,根据《刑法》的相关规定,符合判处 3 年以下有期徒刑或者拘役的量刑情节,具体理由如下:

首先,《刑法修正案(十一)》已经对销售假冒注册商标的商品罪的数额认定标准进行了修改,将“销售金额数额较大的”“销售金额巨大的”修改为“违法所得数额较大或者有其他严重情节的”“违法所得数额巨大或者有其他特别严重情节的”。按照法律规定,销售假冒注册商标的商品罪,法律保护的是注册商标的知识产权,《刑法修正案(十一)》将销售金额改变为违法所得,目的就是要增强打击的精准性和合理性。2021 年 3 月 1 日施行的《刑法修正案(十一)》将《刑法》第 214 条修改为:“销售明知是假冒注册商标的商品,违法所得数额较大或者有其他严重情节的,处三年以下有期徒刑,并处或者单处罚金;违法所得数额巨大或者有其他特别严重情节的,处三年以上十年以下有期徒刑,并处罚金。”

其次,虽然司法解释暂时没有配套修改,但刑法效力高于司法解释的效力,且本着从旧兼从轻的法律适用原则,应当以修改后的刑法规定为准。最高人民法院、最高人民检察院《关于办理侵犯知识产权刑事案件具体应用法律若干问题的解释》第 2 条规定:销售明知是假冒注册商标的商品,销售金额在 5 万元以上的,属于“数额较大”,应当以销售假冒注册商标的商品罪判处 3 年以下有期徒刑或者拘役,并处或者单处罚金。销售金额在 25 万元以上的,属于“数额巨大”,应当以销售假冒注册商标的商品罪判处 3 年以上 7 年以下有期徒刑,并处罚金。需要注意的是,该解释第 15 条还规定:单位实施《刑法》第 213 条至第 219 条规定的行为,按照该解释规定的相应个人犯罪的定罪量刑标准的 3 倍定罪量刑。也就是说,在单位犯罪的情况下,销售金额在 75 万元以上的,才属于"数额巨大"。在销售假冒注册商标的商品罪案件中,对"违法所得"的数额认定,可参照上述司法解释中的相关规定进行理解。

在本案中,违法所得数十万元,根据《刑法修正案(十一)》的内容、效力位阶以及刑法从旧兼从轻的适用原则,应当属于"数额较大",而非"数额巨大",符合 3 年以下有期徒刑或者拘役的量刑情节。

虽然在《关于建立涉案企业合规第三方监督评估机制的指导意见(试行)》中,并未明确规定对有可能被判处 3 年以上有期徒刑的案件不得启动合规,但在实践操作中,检察院通常只对可能被判处 3 年以下有期徒刑的轻罪案件进行合规整改。尽管在最高人民检察院发布的指导案例中存在重罪企业合规的情形,但很多地方检察院仍对可能被判处 3 年以上有期徒刑的重罪案件适用合规不起诉制度持保守审慎的态度。

因此,在本案中,律师准确识别上述争议问题,并针对这些争议问题向检察院多次递交律师意见,并与承办检察官当面沟通,竭尽全力为涉案企业争取启动合规整改的机会,最终检察院采纳了律师意见,同意对涉案企业启动合规整改工作。

三、办案手记

夏俊律师是本案的负责人，她深知对于一个小微企业来说，涉案会对企业造成重大打击，严重的甚至会导致企业经营停滞。2022 年 10 月初，夏律师接受委托后，便立即前往企业，通过走访、会见，尤其是在深入研究案件材料之后，便有了为企业做合规不起诉的辩护思路。于是，夏律师立即与企业沟通，在征得企业同意后，及时向检察官提交了相关辩护意见，并为企业递交了启动合规整改的申请书，经过与检察官沟通，涉案当事人被取保候审，同时检察院也同意企业启动合规整改。

在本案中，虽然涉案人员被取保候审，但是案件并没有结束。根据《刑事诉讼法》的规定，在嫌疑人被取保候审期间，不得停止对案件的侦查、起诉和审理。这意味着，涉案人员虽暂时被取保候审，但不等于案件就此结束，审查起诉阶段结束时，案件是否会被移送起诉仍然具有很大的不确定性。事实上，对于律师而言，涉案当事人被取保候审仅仅是取得了阶段性的成果，为企业以及涉案人员争取最终的从宽处罚结果，同时让企业良好运营发展下去，才算是取得了最终的胜利。

起初，在夏律师提出为企业启动合规整改建议时，当事人并不理解。经过夏律师深度剖析案件情况，讲述法律规定及刑事政策后，当事人明白了，企业进行合规整改意义重大：一方面,可以让本次涉案人员被处以相对较轻的刑罚;另一方面,可以让企业日后能合规经营。企业合规无疑是既可以解近忧,又可以纾远虑的最佳途径,因此,涉案企业有了很强的合规意向。同时,夏律师还向当事人强调,本次合规不是“纸面合规”,而是一次真正深入挖掘企业内部问题,解决问题的“真合规”,合规整改启动后,将会以专项合规带动企业全面合规,对此,企业均表示认可和接受,愿意向检察院递交启动合规整改的申请。

接下来的工作重点和难点是如何有效说服检察官同意公司启动合规整改。律师与检察官之间的沟通有时是一场博弈,如何在合理、合法、合情的范围内让检察官接受律师的提议是一大难点。在近两个月的时间里,夏律师多次电话与检察官沟通,递交了多份法律意见书。为了说服检察机关同意启动合规整改的申请,夏律师多次表达当面沟通的意愿,时至年底,检察官、律师工作都十分繁忙,各项出庭任务繁重。但夏律师深知,企业能否启动合规整改此时是最关键的时刻,为了让案件有个好结果,夏律师把这项工作放在重中之重的地位,经过锲而不舍的沟通联系,承办检察官终于同意在百忙之中抽出时间与律师面谈。双方见面后,律师的意见得以充分的阐述,沟通取得了初步成效,检察官也明确表示,会认真考虑律师的辩护意见和申请,后续会开会讨论。

经检察院多次开会讨论,本案仍然存在一定争议,争议焦点便是 J 公司是否是合规不起诉的适格主体。让检察官犹豫不决的两个原因便是前文所提到的本案争议焦点:一是J公司曾经因税务问题涉刑一次,本次是第二次涉嫌刑事犯罪;二是对涉案数额的认定存在争议。

为了说服检察院同意企业启动合规整改的申请,2023年元旦后,夏律师再次前往检察院沟通意见,除之前一直提到的法律意见之外,这次她又侧重从情理方面补充了相关意见,在与检察官的沟通中,夏律师一直强调,为J公司启动合规整改,是对本案来说最好的方案,原因如下:一是相关人员本身法律意识淡薄,但主观恶性并不大。此次J公司之所以会涉案,主要的原因是法律意识淡薄,而非故意通过换商标的方式恶意谋取利益。由于A与B品牌钢材同属一个工厂,质量也相同,因不想延误工期,所以才更换了品牌供货,用他们的原话讲"我们认为两个品牌同属一个厂家,质量也相同,用哪个牌子都差不多,要是知道这涉及刑事犯罪,当初肯定不会这么干"。本案当事人由于缺乏相关法律知识,没有意识到自己的行为已经触犯了刑事法律。事后,项目方也出具了相关证明文件,证明A与B品牌的质量相同,涉案当事人主观上是为了赶工程进度,而非非法牟利的目的。事实上,如果J公司犯罪的主要目的是牟利,他们大可以选择更为廉价的钢材作为替代,而没有必要选择同工厂生产、质量相同、价格相差不大的B品牌钢材。二是公司具有较强的行业发展优势,在参与重点项目、保障基础设施建设方面,均起到了积极的作用。公司经过合规整改之后,会有更为广阔的发展前景。基于以上种种原因，让该企业启动合规整改无疑是最正确的决定，如果检察院同意企业启动合规整改的申请，可以让J公司获得一次改正的机会，挽救一个有发展前景的小微企业，同时对于检察院来说，这也是响应国家政策、保护民营企业的一项非常有意义的工作。

事实上，企业开展合规不起诉，在无形之中会增加检察官的工作量。在通常的案件中，检察官需要考虑的问题往往是“诉或不诉”，但在合规整改案件中，检察官还需要全程参与整改流程，这需要付出更多的时间和精力。可见，每个合规案件从启动到深入整改，整个过程都十分不容易，不仅需要律师的不懈努力，还需要检察官的支持与付出。

经过沟通，承办检察官采纳了律师的意见，将对涉案企业启动合规整改的申请由县级检察院层层上报到了市级检察院、省级检察院，经过层层审批，终于，律师得到检察院的通知，检察机关批准了J公司启动合规整改的申请，合规整改立即启动。对于涉案企业以及律师来说，这个好消息来之不易，激动人心。

检察院宣布合规整改启动之后，夏律师及时按要求提交了合规整改计划书。当时已近年关，部分律师已经回家过年，少数留在北京的律师也都刚刚阳康。作为合规整改的法律顾问，夏律师自感重任在身，为了能按时提交合规整改计划书，夏律师带领律师团队，连续一周几乎住在律师事务所，加班加点完成了近40页的合规整改计划书。次日，夏律师乘最早一班飞机赶往了Y市检察院，及时向检察官提交了合规整改计划书。很快，检察院指定了第三方监督机构，对合规整改工作进行监督指导。目前，该企业的合规整改工作正在有条不紊地顺利推进，第一阶段的合规整改工作经过检察院以及第三方监管机构人员的考察指导之后，对阶段性整改成果给予了很高的评价，未来，律师将协助企业把合规整改工作顺利推进和完成，竭尽全力为企业未来的合规运营保驾护航！

案例三：X集团公司涉嫌单位行贿案

一、基本案情

2018年至2020年，X集团公司董事长Y为感谢W在某项目融资担保及工程承揽等方面提供的帮助和支持，同时为X集团公司下属两家公司谋取不正当利益，多次送给W财物折合人民币300余万元。

二、案件背景

（一）一次选择，让他视教育为一生的使命

20世纪末，Y积极投身民办教育，自筹资金租地办学，开设自学考试培训班。历时数十年,Y 将一个名不见经传的培训班办成了省内有影响力、省外有知名度的民办高校。几十年间累计为社会培养各类毕业生数万人。

Y 创办的 X 集团公司是随着中国民办教育快速发展成长起来的专业化、多元化、国际化的教育投资与管理集团公司,现有员工几千人,学生逾万人,总资产数十亿元。

(二)一次“送礼”,让他险陷“囹圄”

创业之路步履维艰,这其中的苦楚或许不是普通人能够体会的,哪怕从成功企业家的自传中,我们也只能粗略感受一二。所谓未经他人苦,莫劝他人善,在那个年代创业,法律大环境没有如今健全,很多时候还是靠关系、靠朋友才能做成事,以至于初代企业家们需要周旋于复杂的人际关系。通过与很多成功的企业家交流发现,很多人认为送礼、送钱都是再正常不过的人情往来,甚至不送会导致“失礼”。以近半个世纪的跨度回望,改革开放之初的经商环境,可以发现那时候做生意确实有诸多不规范之处,但是对于如今法律越来越健全的中国社会来说,这种早期的“人情世故”映射出的往往是企业管理的不规范,企业家做事的不合规,乃至不合法,会为企业后续的发展留下相当大的隐患,甚至可能涉及刑事责任。

2018 年至 2020 年,Y 为了感谢 W 在学院的项目建设、融资担保及园林绿化工程项目等方面提供的帮助和支持,向 W 送了“礼”。“礼品”包含现金与茅台酒，总价值逾 300 万元。这触犯了《刑法》第 393 条，涉嫌单位行贿罪，若检察院提起公诉，Y 可能会被判处 5 年以下有期徒刑或者拘役，并处罚金。

（三）一个电话，让我们奔赴千里，夙兴夜寐

2022 年 12 月初，王馨仝律师接到了老同学从 N 省打来的电话，希望王律师马上帮他推荐一个专业的刑事合规团队，做“刑事合规不起诉”。王律师这位老同学之所以想到找王律师，一是因为王律师所在的律师事务所有专业的刑事合规团队，二是因为王律师曾经和同所的刘立杰律师处理过类似的案件。

考虑到本案的当事人所涉罪名可能被处以 5 年以下有期徒刑，且本案所剩的审查起诉时间已不多，又是受老同学之托，王律师便联系之前多次合作过的刘立杰律师，希望请刘律师出面牵头组建刑事合规“梦之队”，为当事人提供她所认为的最及时、最负责、最专业的法律服务。刘立杰律师听完王律师的介绍后，只说了一句“救人要紧”，就立即开始了工作调配和人员统筹。

驻场期间，刘立杰律师全程指导并制订工作计划，调配团队成员分工配合、各司其职、各尽所能。作为团队的负责人，刘立杰律师毅然承担起了最重的工作：白天与公司重点人员访谈，晚上在酒店撰写合规整改材料，其间与 Y 实时沟通并提供法律建议，随时确认每位律师的工作进度，以及与区人民检察

院、市人民检察院的检察官沟通。经过团队全体成员的不懈努力，赶在检察机关要求的最后时限内完成了近5万字、70多页的合规整改材料，提交给区、市人民检察院后，获得了检察官们的一致认可。

三、办案手记

第一天：情感的羁绊与法律的底线。

出发前一周，团队便开始检索、研究中外合规案例、穿透集团与下属公司的股权结构、查阅各部门的规章制度，并列出了合规整改材料的提纲。通过梳理，团队发现X集团公司及下属各公司的规章制度虽有不健全之处，但若是各部门严格按照流程执行，不至于发生犯罪。为了更全面地了解X集团公司在实践操作中的问题，团队决定对X集团公司与下属公司的高层领导及重点部门负责人进行一对一访谈。

企业的刑事合规是一个全面自我反思、自我纠错、自我检讨的过程。一个成功的合规案件，并不应该只是为涉案人员解决眼下的“一时麻烦”，而是应当剖析导致今天局面的内在逻辑，刮骨疗毒。X集团公司本次所反映的问题是公司的财务管理审批制度及重大事项决策制度存在漏洞，但该企业真的只有这两个漏洞吗？正所谓，人无远虑，必有近忧。既然此次X集团公司已经暴露了问题，就应当自查公司是否还有其他的不合规之处,并在发现后,像剔除龋齿一样一颗一颗地拔除。除了要解决当下之问题,还要对未来可能出现的问题防患于未然,而这其中最重要的是当事人自己强烈的整改意愿。

团队从法律层面梳理了企业正在或将来可能面临的刑事风险,建议为企业做一次“全面的合规”,防患于未然。但 Y 却犹豫了,因为他害怕会伤了“老人”的心。早期大多成功的民营企业都是家族企业,X 集团公司也不例外。家族企业的优缺点异常鲜明,优点是情感的纽带会带来强大的凝聚力,很少有推诿扯皮的事情,责任心强、管理成本低,但缺点是内部的关系和利益错综复杂、监督力度低、与现代企业管理体制相冲突,制约企业做大、做强。用人唯亲的情况在 X 集团公司中并不少见。例如,Y 的亲戚患有重病,Y 为了能给予家人适当的经济支持,又不伤了亲戚之间的和气,X 集团公司旗下多家院校的食堂都是由这一家人承包的。用这种授人以渔的方式帮助亲戚,Y 可谓用心良苦,但倘若企业做了全面合规,是否便无法再关照自己的亲戚?

在传统家族企业转型现代企业的道路上,注定要有对高层权力的制约与监督,这也意味着会动了“老人”的“蛋糕”,甚至会让“老人”以为企业在“甩包袱”,导致企业家“早期的承诺”无法兑现,使得人心涣散。对于一个家族企业来说,若最终人心散了,企业也将走向衰亡。

Y 愿意做合规一方面是想摆脱检察院的指控,另一方面必然是希望企业更好地发展。然而,“水至清则无鱼,”若企业太过合规,是否会让集团里与他打拼了一辈子的“老人”们寒了心?最早同 Y 创业的那批“老人”,有很多是他的远房亲戚或同乡,他视他们为亲人、家人、手足兄弟。岁月沉淀后的情感羁绊不可用金钱来衡量,若没有这些伴随左右的家人,就没有 X 集团公司如今对教育界及社会的贡献,更没有 Y 今时今日的社会地位。作为一个有温度、有情怀、懂得感恩的企业家,Y 自然也想为身边之人提供力所能及的庇护,让自己的日子过富足的同时,也让家人们过上更好的日子。若有一天,Y 倒下了,X 集团公司倒下了,又有谁还能给他的亲人提供庇护?

到达 N 省的第一个晚上,我们下了飞机便一刻不停地直奔 X 集团公司,与 Y 进行了 3 小时的深入交流,通过晓之以理,动之以情的肺腑之言,最终,Y 决定刮骨疗毒,为 X 集团公司做一次全面的合规。每当面对法律与人情、理性与感性冲突的案件时,都是最考验律师专业水平与共情力的时候。法与情需要找到一个平衡点,感情的羁绊不可舍弃,但法律的底线更不可试探。经过刘律师与 Y 反复沟通、交流,Y 终于打消了诸多顾虑,下定决心刮骨疗毒,为 X 集团公司做一次全面的合规整改。

第二天:“人治”不利于现代企业的发展。

有了 Y 的决心,我们的工作也更加有动力。第二天早上七点便出发去学校,与重点人员访谈。访谈过程从早上八点一直持续到晚上七点,中途除了喝水,我们没有一刻停止谈话与记录,甚至连午饭都只用了20分钟便草草结束。通过谈话,团队确实发现了X集团公司财务审批流程存在重大漏洞。多名被访谈者反映,X集团公司与下属子公司存在一人兼数职的情况,并且都是重要、有审批权力的职位。比如,某项目组向项目部发起了用款申请,项目部核实后向工程部移交申请,工程部审核后再提交财务部,每一层审批都应由各部负责人签字。但在实践操作中,往往这三层审批都是由同一个人签字完成的,因为他既是项目组负责人,又是项目部负责人,还是工程部负责人。这样的人员架构与审批流程,直接导致整个审批程序形同虚设,失去了审查、核实的功能。不仅如此,无视规则和"先上车后补票"的情况,也偶尔发生在集团的一些高层和"老人"身上。他们用款时,甚至无须审批,可以随时向财务申请提款,或者先提款、再补审批流程。类似的事情在集团内部及其下属子公司中并不是个例,而导致以上种种问题的原因,是"人治"。

X集团公司有着与诸多家族企业一样的"通病",Y与"老人"们在公司内部的威信极高,他们的一句话甚至就可以代替审批流程和签字。"人治"在家族企业的创设初期是极有效率的,但是,"人治"注定无法在现代企业中持续有效地发展。现代企业管理模式对企业内每一次报销、每一次用款、每一个决策都有明确的制度规定,因此X集团公司现在不仅缺乏科学的制度来规范员工的行为,同时缺乏制度落地过程中的有效监管,这些将成为本次合规整改计划的核心关注点。

虽然白天的访谈已经让大家非常疲惫,但回到酒店后才是我们案头工作的开始。晚饭过后,我们再次开会,对合规整改材料的书写工作进行分工,每人领到自己所负责的专题后,需结合白天的访谈内容,有针对性地对一级标题进行细化,写出二级、三级标题及三级标题下将阐述的中心思想。晚上九点多散会后,团队成员便各自回房间投入紧张的书写工作,而刘立杰律师需要在和 Y 电话汇报完今天的工作后,再投入书写工作。

第三天:履职尽责,不负重托。

近 10 人的合规团队经过多次碰撞、反复打磨之后,合规整改材料的框架才算确定。

为了向检察官展示 Y 及 X 集团公司多年来积极履行社会责任的情况,值得给予一次合规整改的机会,我们需在合规整改材料中内体现:X 集团公司为少数民族、残障人士提供的工作岗位数量,近 10 年的纳税总额,应届毕业生就业率及薪资情况,院校内教职工数量,少数民族学生占比,对贫困生提供奖学金情况以及学校所获专利、发表论文、获批国家级或省级重点科研项目等数据。由于客户提供的资料、集团官网与之前递交给办案机关的材料之间存在较大数据差异,为了保证合规整改材料的真实性,仅针对这一点我们就审核了近 800 页的资料。

第四天:小事成就大事,细节铸就完美。

这天,我们原定早上八点在酒店用餐,但由于前一晚大家都熬夜写材料,我们将早饭推迟到了八点半,这次大家脸上的疲惫比之前更酽。九点,我们准时开始了这一天的工作。因为团队每个人的书写习惯不同,所以将文字材料汇总后,需要统一全文的格式、风格及对涉案企业、人员的称谓,并制作目录。团队一贯采用的校对方法是指读,顾名思义,就是由一个人用手指着每一个字及标点符号并朗读,其他人在听的同时也要用眼睛看,听的目的是修改措辞,看的目的是检查错字及标点。

将每名律师的文档汇总后,大约有 5 万字,即使按照每分钟 250 个字的语速,仅通读一遍都需要 3 个多小时,若加上中途的讨论和修改,校对工作起码需要 6 个小时才能完成。为了使合规整改材料的文字精益求精,经过十几个小时的讨论和头脑风暴,我们终于完成了这 5 万字的校对,其中仅修改完善目录部分就占用了 3 个多小时。或许,有的人会疑惑,一篇目录无非一两页纸,为何会需要 3 个多小时?这样的工作方式是否过于吹毛求疵?其实不然,态度和细节往往会直接决定成败,若能抓住别人会忽略的地方,也许就能为当事人博得多一分的胜算。

目录在合规整改材料的最开始,它能让读者在未看完全本的情况下迅速了解合规材料的逻辑架构。对于工作忙碌的检察官而言,他没有时间把 5 万字的合规整改材料逐字阅读,哪怕他真的有时间认真看,但在和领导汇报工作时,也必然只会挑重点内容去说,因此,若目录能让检察官迅速定位关键点,就能更好地完成后续的工作,也就有更大的可能接纳律师的观点,为当事人争取更好的结果。律师与检察官都是法律工作者,尽管在法庭上分别代表着辩方与控方,但在司法实务中,双方更多的是互相探讨、学习、帮助、尊重的关系,也就是我们常说的“法律共同体”。为了能更好地让检察官接纳律师的观点,制作一份语言精练、内容提纯的目录就显得尤为重要。这也是为什么在时间如此紧迫的情况下,一份短短只有两页纸的目录,团队要消耗 3 个多小时去打磨。

为了更加高效,我们每完成 20 页的校对,就发在与客户对接的微信群内,待客户提出修改意见后,由一名律师有针对性地进行删改。对于客户提出的修改意见,律师需要评估,不能全盘接受,也不能全盘否定,对于不采纳的地方需向客户解释清楚其中缘由。客户往往法治思维较弱,更多地站在当事人的立场去叙述自己心里的委屈,但是呈现给检察官的材料不应掺杂太多情感因素,而需要摆事实、讲法理,因此有些内容就不适宜放在合规整改材料内。

大脑在同时处理两件事情时,需要注意力高度集中,尤其是在连续几晚睡眠不足的情况下,更是对精神和肉体的极大损耗。本项目的负责人刘立杰律师不仅需要同时主导上述多项文字工作,还需要对客户提出的问题答疑解惑,此时的压力更是不言而喻。当我们将历经十几个小时修改完成的定稿发在客户对接群里时,已经是晚上九点多,我们也终于能长舒一口气,赶在酒店餐厅关门前吃上晚饭。

这几天加在一起,每人都只睡了不到 14 小时,而今天更是将午饭推迟到晚饭,晚饭推迟到夜宵,全员都在身体和精神的双重崩溃边缘,而我们团队这些天的工作状态,其实只是广大法律工作者的缩影。

第五天及后续:无问西东。

今天是正式向检察院提交这一周工作成果之时。经过 2 小时的车程,我们来到了今天的第一站,区检察院。刘立杰律师以合规整改材料目录为大纲,从 X 集团公司涉罪原因、企业客观现状、Y 的整改决心、本次合规计划的预想方案、本案符合最高人民检察院大政方针等各个层面向检察官表达了 X 集团公司是值得被给予一次改过自新机会的民营企业。

承办检察官收下我们的合规整改材料后,仔细看了目录,再阅读了他所关注的重点内容,而后也诚恳地表达了他的顾虑。其一,虽然被列为“试点”单位,但本区以前从未有过合规不起诉的先例,所以能否通过审批无法确定。其二,合规不起诉这个概念太新,立法也不完善,创新在司法实践中不是不可以，但若对立法原意理解不到位，把握不好尺度，甚至有可能带来其他风险。

在处理此类案件时，确实有不少检察官因为目前立法不健全、缺少法律明确指引、没有相应司法实践经验、不清楚尺度的把握、不了解实践操作中的边界等理由，不愿适用合规不起诉制度。因为合规不起诉这个概念是最近几年才兴起的，是司法实践中的一种新的实务类型和“检察产品”。截至本书定稿之日，最高人民检察院共发布了四批共20个指导案例，涉及18个罪名。但《刑法》分则中所涉罪名多达400多个，尽管是相同的罪名，各案之间又有差异，因此合规不起诉制度在我国仍然处于初步探索阶段。当一个新政策出来时，大家都缺乏经验，国内没有足够先例可供参考，究竟应当如何落地，又该落地到什么程度，没人知道。如果没有法条的明确指引，这个尺度就更难把握。若将尺度控制得过松，是否忽略了刑罚惩治企业违法犯罪的目的；若将尺度控制得过严，是否又违背了保障经济社会高质量发展的初衷？由于合规不起诉在实践操作中有诸多的不确定性，这就导致有些检察官不会做、不想做、不敢做。因此，律师如何合理有效地说服检察官，为当事人争取合规程序的启动，成为这类案件中的一大难点。

刘律师是法官出身，有在基层、中级、高级和最高人民法院四级法院的工作经历，十年的法院生涯让他很能理解办案人员现在的处境及担忧。之前二人的谈话都建立在法理与客观事实上,后来刘律师动之以情地对检察官说出了自己法院十年、律师执业四年及对本案的一些感悟。尽管审判过程中法官的立场应当是中立的,但大多时候法官确实考虑更多的是能否准确定罪量刑;而律师的立场会更多倾向当事人,考虑的是如何减轻刑罚。两相对比之下,后来他慢慢发现,在一些特殊案件里,救一个人要比送他"进去"可能更有意义。有的人虽然有错,但给他一次改过机会,他能带来的社会价值要远大于让他服刑。Y 有错,X 集团公司也确实有不合规之处,但这些错误和不合规之处不是不能弥补、不能改正的。Y 作为一个成功的企业家,刑罚执行完毕后,他的生活可能并不会受太大影响。但在他服刑期间,公司可能就倒闭了,下面那么多学校大概率也会倒闭。对他个人的惩罚也会波及几万名无辜的学生和教职工。那么对他判处刑罚究竟是利大于弊,还是弊大于利?法律适用时确实不应当掺杂其他干扰因素,但是本案也确实需要考虑到社会层面的影响,这也可以理解为法律效果与社会效果的统一。另外,在法律层面,X 集团公司的情况也符合最高人民检察院有关合规不起诉规定的条件。

之后,案件汇报到了市人民检察院,主管检察官的态度更加开放、包容,十分认可律师团队提出的法律意见和合规整改材料。值得一提的是,见到市人民检察院的检察官时,检察官正好要将我们的案件上报省人民检察院审批,连办公平台上的电子汇报邮件都已编写完成,就差发送了。市人民检察院的检察官原本只准备了大概两页纸的汇报材料，经查阅我们提供的资料，摘录了部分重点内容后，将上报文件扩充到四五页纸，更是将 5 万字的合规整改材料作为附件一并发送给了省人民检察院。市人民检察院对本案的积极态度，超乎了我们的预期，给了团队莫大的鼓励。

为了尽快推进工作，团队的王馨仝律师主动请缨留守当地随时对接省人民检察院。一天、两天、三天……时间慢流，但迟迟没有省人民检察院的消息。王律师决定主动出击，直接去找省人民检察院的检察官对接沟通。可是，基于检察机关的保密要求，区人民检察院、市人民检察院的工作人员都不清楚我们的案件由省人民检察院哪位检察官承办。来到省人民检察院的大门前，由于讲不清楚是哪位检察官负责本案，说不上对接人的名字，王律师直接被门卫拦住了。情急之下，王律师只好说找不到检察官就把材料直接交给“案管中心”，这才勉强进了第一道大门。到了“案管中心”后，又请工作人员帮忙查相关部门内勤的电话，再通过苦口婆心求助内勤，才终于联系上了负责本案的检察官，自此开启了和省人民检察院长达半年的沟通之路……

由于本案后续还需要和相关部门进行沟通研究，同时还可能需要向最高人民检察院汇报，故尚无最终结论。当前，合规不起诉制度在我国仍处于改革探索阶段，是否能成功为一家企业做成合规不起诉，会受到案里案外诸多因素的影响，而刑事律师在这个过程中往往需要运用法律、政策、沟通谈判、企业经营管理等多种思维模型，同时付出比普通案件更多的时间与精力。唯有将前期工作尽量做“完美”，才能赢来“期待”的结果。

企业合规建设永远在路上……

后　记

律师是涉案企业合规改革的亲历者、见证者和实践者，刑事辩护律师更是刑事合规不起诉案件的直接参与者和第一推动人。然而，面对每年数以百万计的刑事案件，单个律师或团队所能够直接参与的合规不起诉案件屈指可数，“没做过”“不敢接”“不会做”成为当前很多律师参与合规试点改革的“拦路虎”，这既不利于维护当事人的合法权益，也不利于推动涉案企业合规改革制度的发展与完善。鉴于此，本书在编写过程中，始终坚持实操和问题导向，通过给思路、给方法、给案例、给模板的方式，力求为广大实务工作者提供“信息增益”，为理论研究人员提供鲜活的素材。

本书由主编刘立杰拟定大纲并进行统稿，各章节撰写人员如下：

第一章：李爽

第二章：夏俊

第三章：刘立杰

第四章：叶静

第五章：王馨仝

第六章：王子辰

第七章：钱浩、胡瑞

目前，涉案企业合规改革仍然存在争议，但实践永远是检验真理的唯一标准。相信通过本书，以及广大实务工作者一步一个脚印的实践，我国涉案企业合规改革之路终将行稳致远！

刘立杰

2023 年 6 月 1 日于北京市京都律师事务所